طوافِ عالم

مولفہ-ڈاکٹرعرشیہ کوثرمحمدحبیب

First Published in December 2021

ISBN: 978-93-5472-998-0

BLUEROSE PUBLISHERS
www.bluerosepublishers.com
info@bluerosepublishers.com
+91 8882 898 898

Cover Design:
Geetika

Distributed by: BlueRose, Amazon, Flipkart, Shopclues

طوافِ عالم

چشم دید اور معاصر تحریر پر مشتمل
منظر اور پیش منظر

مولفہ

عرشیہ کوثر

دارالاشاعت

بلیوروز پبلیشر

طوافِ عالم

مولفہٗ : عرشیہ کوثر

سنِ اشاعت	:	دسمبر 2021
کمپیوٹر کتابت	:	عبدالمعز فاروقی، ناندیڑ، مہاراشٹر۔
سرِ ورق	:	محمد ظفراللہ خان، بیدر۔
تعداد	:	500
قیمت	:	200 روپیئے

طابع و ناشر

بلیو روز پبلیشر

فہرستِ مضامین

فہرستِ مضامین

فہرستِ مضامین

حصّہ (ج) تضمین

پیشِ لفظ

محمد ظفر اللہ خان، بیدر (کرناٹک)

ڈاکٹر عرشیہ کوثر مولفہ کتاب 'طوافِ عالم' ضلع ناندیڑ (مہاراشٹر) کی ایک ذہین، فطین و معروف خاتون ہیں، طِب میں B.A.M.S. کیا ہے، علومِ دینی سے آگہی بھی ہے، عالمیت کا کوئی مرحلہ بھی طے کیا ہے، سیاست سے لگاؤ بھی ہے، ۲۰۱۷ سے کارپوریٹر رہی ہیں، خادمِ خلق (Social Activist) بھی ہیں، ملکی مسائل پر جرأت سے بولتی ہیں، سیاست میں ان کی دلچسپی کا نظریہ اس طرح ہے۔

''انسانیت، یکسانیت اور محبت، بڑے طاقتور ہتھیار ہیں۔ جس نے یہ ہتھیار اُٹھالیا وہ سب سے بڑا بادشاہ ہے''۔

علاوہ ازیں ڈاکٹر عرشیہ کوثر کئی فنون سے وابستگی بھی رکھتی ہے۔ انھیں پینٹنگ، اسکیچنگ، آرٹ اور کرافٹ نیز لکھنے سے لگاؤ ہے۔ ان کے اسی لکھنے کے شغف کا نتیجہ فکری یہ کتاب ہے۔

تالیف ''طوافِ عالم'' کا مسودہ میرے سامنے ہے، یہ چوالیس مختلف عنوانات کے تحت مختلف موقعوں پر رقم کئے گئے مقالے ہیں۔ ہر مقالے کی خاص بات یہ ہے کہ دورانِ مقالہ اور اختتامِ مقالہ اشعار اور نظموں سے مقالہ کو سجایا گیا

ہے۔ گویا جس آرٹیکل کو پہلے نثر میں پیش کیا گیا ہے بعد میں تقویتِ موضوع کی خاطر اسی مضمون کو نظم کے سانچے میں ڈھالا بھی گیا ہے۔ (اس موقع پر ان کے اشعار پر نقد و جرح پیشِ نظر نہیں ہے)۔

ڈاکٹر عرشیہ کوثر کو ایک نمایاں وصف یہ بھی حاصل ہے کہ انھوں نے قرآنِ مجید کو ترجمہ سے پڑھا ہے، ترجمہ سے انھیں دلچسپی ہے، ترجمہ کی تعلیم انھوں نے حاصل کی ہے۔ یوں بھی ناندیڑ شہر میں مولانا محمد غیاث الدین صاحب نے مردوں اور خواتین کے کئی ایسے حلقے چلائے ہیں جن میں قرآنِ مجید کے ترجمہ کی خاصی مشق بہم پہنچائی جاتی رہی ہے۔ ان کے بہت سے شاگردوں نے اس کام کو آگے بڑھایا ہے۔ مولانا محمد غیاث الدین صاحب راقم السطور کے پِیر بھائی ہوتے ہیں۔ ہم دونوں نے مولانا شاہ محمد عبدالغفور صاحبؒ بانی جامعہ اسلامیہ قاسم العلوم اودگیر (ضلع لاتور، مہاراشٹر) کے آگے زانوئے تلمذ طے کیا ہے۔ ڈاکٹر عرشیہ کوثر کے استادِ محترم مولانا غیاث الدین صاحب ہیں۔ جن سے ڈاکٹر صاحبہ نے ترجمہ، قرآن کی تعلیم حاصل کی ہے۔

مولفہ کا مطالعہ قرآنی فکر سے آمیز ہے۔ برایں سبب ان کے مقالوں میں قرآنی حوالے بھی ملتے ہیں، احادیث کا 'طوافِ عالم' کے تمام مضامین کا مرکزہ (Nucleus) معرفتِ حق کا حصول ہے۔ تمام موضوعات اسی مرکزہ کے نیوٹران اور پروٹان ہیں۔ لیکن یہ موضوعات بے شمار مضامین میں تقسیم ہوگئے ہیں۔ اسلامی

زندگی کی فکری تعمیر میں جس ہمہ پہلو تربیت کی حاجت ہوتی ہے وہ بے شمار عنوانات کے متقاضی ہوتے ہیں۔ ڈاکٹر عرشیہ نے اپنی تالیف کو اِن سے اسی طرح سجایا ہے۔ مثلاً توحید، آخرت، رسالت، دنیا اور انسانی زندگی کی بے بضاعتی، بندوں سے خدا کی محبت، حالتِ نزع میں انسان کی کیفیت، وقت کی قدر، جہاد عدل کی ایک صورت، قرآن فہمی، قبرِ آخرت کی پہلی منزل، توبہ کی اہمیت، تعلق باللہ، مومنانہ زندگی میں علم کی اہمیت، قرآنِ مجید علوم کا منبع و سرچشمہ، حُسنِ سلوک، صلہ رحمی، مسلمان راہِ حق کا مسافر ہوتا ہے، منافقت کے نقصانات، بے علمی کے نقصانات، اللہ کی نظر میں حُسنِ اخلاق کی اہمیت وغیرہ موضوعات پر ڈاکٹر عرشیہ نے اپنے غور و فکر کی بنیاد رکھی ہے۔

ڈاکٹر عرشیہ کوثر کا اسلوبِ نگارش کچھ اس طرح ہے :

★ ''دنیا صرف ایک اندھیرا ہے، جہاں چند وقت کیلئے چراغ (زندگی) روشن ہے۔

عنقریب یہ چراغ ہوا (موت) کے ایک جھونکے سے بجھ جائے گا، اور سب کچھ قلع قمع ہو جائے گا''۔ (اصلی مکان)

★ دنیا کی ہر شئے جب تک باحیا اور با پردہ ہے تب تک اس کی خوبصورتی، پاکیزگی اور شائستگی محفوظ و برقرار ہے''۔ (رازِ حسنٰی)

پیغمبرانِ کرام کے معجزوں پر وہ اس طرح رقم طراز ہیں:

★ ''سحر (جادو) اور معجزہ میں اتنا فرق ہے کہ سحر آنکھوں پر پردہ ڈال دیتا ہے اور معجزہ آنکھوں پر گرے پردے اُٹھا دیتا ہے۔ معجزہ ایک ایسی حقیقت ہے جس کے سامنے دنیا کے اعلیٰ سے اعلیٰ ساحر (جادوگر) بھی جھک گئے ہیں''۔ (تو بھی معجزہ ہے)

★ پھر وہ کہتی ہے: ''یہ وہی دینِ اسلام ہے جس نے کسی کو پابند نہیں کیا (کہ شعور کا استعمال نہ کرئے) بلکہ اپنے شعور سے جینے کی آزادی دی ہے''۔ (جہاد عدل ہے)

وہ لکھتی ہے : ''جس (امتحانی) جہاں میں ہم رہتے ہیں' وہاں نعمتیں بے شمار ہیں۔ یہ (دنیا) اللہ کی محبت کا سمندر ہے' اس میں ہم غرق ہو جائیں تو نہ ساحل ملیں گے نہ حدود''۔ (تخلیقِ جہاں)

یہ تالیف مختلف موضوعاتی گلوں کا گلدستہ ہے۔ وقفہ وقفہ سے اس کی مختلف خوشبوؤں کا احساس ہوتا رہتا ہے۔ ڈاکٹر عرشیہ کوثر نے ہر مقالے کے اختتام پر مشکل اور اَدَق الفاظ کے معانی (Glossary) بھی دے دیئے ہیں تا کہ قاری کو اگر مجوزہ الفاظ کے معنی یاد نہ ہوں تو اس کی مدد سے آرٹیکل کے ادراک میں سہولت ہو۔

اِن ساری باتوں کے باوصف چند اُمور محلِ نظر ہیں :

★ تمام مضامین میں حسبِ ضرورت قرآنی آیات سے اِستدلال تو ملتا ہے، لیکن احادیث سے بہت ہی کم اِستفادہ کیا گیا ہے۔ (بلکہ نہیں کے برابر)

★ عبارتوں کی ترتیب و تعمیر میں فطری پن کی کمی کا احساس ہوتا ہے۔ جملے اکثر و بیشتر مربوطیت سے دوری اختیار کرتے نظر آتے ہیں۔

★ ہر مقالے کی تیاری میں کوشش کی گئی ہے کہ اِسے الفاظ کے بہتر در و بست سے آراستہ کیا جائے لیکن اِس جدّ و جہد میں تحریر حسنِ مفہوم سے بعید ہوتی چلی جاتی ہے۔

اس تالیف کو بحیثیت مجموعی مولّفہ کا بہتر سمت میں ایک نیک اور دیندارانہ قدم سے تعبیر کیا جانا چاہیے۔ مقصدِ تصنیف کی پاکیزگی اپنی ایک عظیم معنویت رکھتی ہے، اِسے بہر حال ملحوظِ خاطر رکھنا چاہیے، یہ فراموش نہ کریں کہ اس مجموعہ میں جاننے اور سیکھنے کی کئی چیزیں ہیں۔

غرض ڈاکٹر عرشیہ کی یہ پہلی کوشش ہے، قاری کو چاہیے کہ وہ اس کو اسی نظر سے دیکھے۔ تب بھی بہت سی باتیں کام کی نکل آئیں گی۔ اس خصوص میں ڈاکٹر عرشیہ کوثر کا ہم پر یہ حق ہے کہ اُن کی قرار واقعی حوصلہ افزائی ہو۔

ڈاکٹر عرشیہ کو یہ بھی مشورہ ہے کہ اب وہ دیگر کتابیں بھی مطالعہ میں لائیں، بالخصوص تحریکِ اسلامی کا لٹریچر آپ کے لیے زیادہ فائدہ مند رہے گا اور آپ کی تحریروں اور فکر و خیال میں کافی فروغ وارتقاً پیدا ہوگا۔ انشاءاللہ۔

اس تالیف کی اشاعت پر میں سب سے پہلے میرے مخلص دوست جناب حبیب بھائی صاحب (جو مولفہ کے والدِ محترم ہیں) کو صمیمِ قلب کے ساتھ مبارکباد دیتا ہوں کہ اپنی دختر کو ہر بہتر سرپرستی سے نوازہ اور اس قابل بنایا کہ وہ بہت سی صلاحیتوں سے آراستہ ہوئیں۔ اور اپنی قابلیت سے زندگی کے مختلف گوشوں میں سرگرمِ عمل ہیں۔ اسے خدا کا غیر معمولی فضل و کرم ہی کہا جائے گا۔ ڈاکٹر عرشیہ کوثر کو بھی بہت بہت دلی مبارکباد دیتا ہوں۔ اس دُعا کے ساتھ کہ پروردگار اس تالیف کو شرفِ قبولیت عطا فرمائے اور فلاحِ آخرت کا ذریعہ بنا دے۔ آمین۔

****

1. تخلیقِ جہاں

تمام تعریفیں اُس خدا کے لئے جو تمام جہانوں کا رب ہے۔ آفاق کو چھوتے ہوئے ترقی کے ہاتھ یہ تحقیق نہیں کر سکتے کہ کائنات میں کتنے جہاں ہیں۔ ہر دانش مند سائنسداں بھی اس قیاس سے لاعلم ہے۔ کیونکہ جس جہاں میں ہم رہتے ہیں وہیں نعمتیں بے شمار ہیں۔ یہ اللہ کی محبت کا سمندر ہے۔ اگر اس میں ہم غرق ہو جائیں تو نہ ساحل ملیں گے نہ حدود ملیں گے۔ ہر بوند مدح و ستائش کا حقدار ہے۔ ہر طرف رحمتوں کی لہریں ہیں۔ لہروں پر عبنا رسرخ موتی کی کرنیں ہیں۔ کہیں خاموش گہرائی میں نجوم کے سخن ہیں، کہیں آتش کے شور سے آبدار سے دریا ہیں۔ سونے کی فرش پر سنہری خاک کی چادریں بچھی ہوئی ہیں۔ ان قالین پر خوشنما مہکتے رنگین سے چمن اور کیا حسین آذین ہیں، رنگین ہواؤں کو رنگین پروان سے آراستہ یہ پروان کا ریگم مرتب قرار ہیں۔ کبھی شہد سے شفایاب، کبھی ریشم سے نایاب کرتے ہیں۔ ہر مخلوق، ہر شئے، ہر نباتات یہ ارض و عرش یہ شمس و قمر سبھی اشرف المخلوقات کیلئے ہے جو واحد انسان ہے۔

قرآنِ پاک میں ارشاد ہے۔

وَسَخَّرَ لَكُمُ الَّيْلَ وَالنَّهَارَ وَالشَّمْسَ وَالْقَمَرَ وَالنُّجُومُ مُسَخَّرَاتٌ بِأَمْرِهِ إِنَّ فِي ذَلِكَ لَآيَاتٍ لِّقَوْمٍ يَعْقِلُونَ۔ (سورۃ النحل ۔ آیت۱۲)

ترجمہ: اور اس نے مسخر کر دیا تمہارے لئے رات اور دن اور سورج اور

چاند اور ستارے بھی مسخر ہیں اُسی کے حکم سے۔ یقیناً اس میں بڑی نشانی ہے ان لوگوں کے لئے جو عقل سے کام لیتے ہیں۔

آخر انسان اس بات پر قیاس کیوں نہیں کرتا کہ اس کی تمام ضروریات اور نعمتیں کس نے عطا کیں ہیں اور جس نے عطا کی ہے وہ اپنے بندوں سے کیا چاہتا ہے۔

کیا اس ذات نے اپنے بندوں کو آگاہ نہیں کیا؟
کیا اس ذات نے حق قول کو واضح نہیں کیا؟
کیا اس علیم نے اپنے بندوں کو علم کی روشنی نہیں دکھائی؟
کیا اس رب نے اپنے بندوں کو جینے کے طریقے نہیں بتائے؟
کیا انسان عروج یافتہ ہو کر بھی لاعلم ہے؟ کیا دلوں پر قفل ہیں کہ حق بات کی دستک نہ ہو؟

بہر حال انسان نے علم کو قرأت اور کتابت اور مفاد کی غرض پر خفی کر دیا ہے۔ تفہیم و تعمیل اور شعور کو شیطان کے مکتب میں وضع کر دیا۔

قرآن میں ارشاد ہے : وَاللّٰهُ يَعْلَمُ مَا تُسِرُّوْنَ وَ مَا تُعْلِنُوْنَ۔
ترجمہ: اور اللہ واقف ہے جو کچھ تم چھپاتے ہو اور جو کچھ تم ظاہر کرتے ہو۔
(سورۃ النحل۔ آیت ۱۹)

اگر ہم ایک لمحے کیلئے غور کریں تو لاکھوں کروڑوں نعمتیں ہمارے

قدموں میں ہیں، مگر افسوس ہم لاعلم ہیں۔ اللہ کی نعمتیں اتنی ہیں کہ تمام عالم بھی شمار کرنا چاہے تو کرنہ سکیں گے۔

قرآنِ پاک میں ارشاد ہے۔

وَاِنْ تَعُدُّوْا نِعْمَةَ اللّٰهِ لَا تُحْصُوْهَا، اِنَّ اللّٰهَ لَغَفُوْرٌ رَّحِيْمٌ۔

ترجمہ: اور اگر تم شمار کرنا چاہو اللہ کی نعمتوں کا تو نہ گن سکو ان کو۔ بیشک اللہ بخشنے والا ہے، مہربان ہے۔ (سورۃ النحل ۔ آیت ١٨)

ہمیں یہ غور کرنا چاہیے کہ آدم علیہ سلام سے لے کر آج تک ہر قوم علم کی بنیاد پر ترقی و کامرانی کی عمارتیں بناتی رہی اور آج وہی عمارت کا مینار عرش پر چمک رہا ہے۔ جو انسان ابتداً میں زمین میں بیج اُگانے کا علم نہیں رکھتا تھا آج وہی نسلِ آدم چاند پر فتح کی فصل کا حارث بن گیا ہے۔ اس میں کوئی عیب نہیں کہ یہ دانائی، ہنر اور قوت اللہ پاک نے عطا کیا ہے۔ مگر انسان آج حق بات سے ایسے اجتناب کرتا ہے گویا اُس کی سماعت و بصارت حق بات پر منہدم ہو جائے گی۔ جب کہ یہی انجان اپنی حیات کے قاتل ہیں۔ جو حیات دنیوی اور اُخروی میں بطور تحفہ دی گئی۔

آج انسان تحقیقات کے سمندر میں ڈوبا ہوا ہے۔ تکبّر کے تاج پر قلیل وقت کا حکمران بن چکا ہے۔ دولت کی ہوس میں گمراہ ہو چکا ہے۔ ہر چیز کو تبدیل میں نمود و نمائش کی تجارتیں ہو رہی ہیں۔ مگر انسان کی یہی پہچان ہے کہ وہ مکھی کا پنکھ تک نہیں بنا سکتا۔

قرآن میں ارشاد ہے۔

یَا یَّھَا النَّاسُ ضُرِبَ مَثَلٌ فَاسْتَمِعُوْالَهُ اِنَّ الَّذِیْنَ تَدْعُوْنَ مِنْ دُوْنِ اللّٰهِ یَّخْلُقُوْا ذُبَابًا وَّلَوِ اجْتَمَعُوْالَهُ وَاِنْ یَّسْلُبْهُمُ الذُّبَابُ شَیْئًا لَّا یَسْتَنْقِذُوْهُ مِنْهُ ضَعُفَ الطَّالِبُ وَالْمَطْلُوْبُ۔

ترجمہ: اے لوگوں ایک مثال دی جاتی ہے اسے کان لگا کر سنو وہ جنہیں اللہ کے سوا تم پوجتے ہو ایک مکھی نہ بنا سکیں گے اگر چہ سب اس پر اکٹھے ہو جائیں اور اگر مکھی ان سے کچھ چھین کر لے جائے تو اسے چھڑا نہ سکیں کتنا کمزور چاہنے والا اور وہ جس کو چاہا۔ (سورۃ ۲۲۔ آیت ۷۳)

****

تو کچھ اور بات ہے

کیا خوب تراشے ہیں یہ پتھر کئی مجسمہ تراش ہیں
تم ذرہ بنا دو سحر کا تو کچھ اور بات ہے
یہ نمود و مشروب میں کتنے غرق ہو چکے ہو
کبھی قطرہ بنا دو سمندر کا تو کچھ اور بات ہے
یہ ابہار و یہ رابلغ غذا کی زینتیں
تم بیج بناؤ کسی شجر کا تو کچھ اور بات ہے
کیا تدابیر ہے تماثیل یہ کتنے جبال ہیں
تم کنکر بناؤ کسی قدر کا تو کچھ اور بات ہے
اِک سوار عروج پر تکبّر کے پرواز میں
نفطون بنا دو کسی سفر کا تو کچھ اور بات ہے
کیوں ثاقب دیوان میں اک تاج پر ناز ہے
نگینہ بنا دو کسی بحر کا تو کچھ اور بات ہے

عرشیہ کوثر

(رابلغ ۔ خوشحال   تماثیل ۔ تراشے ہوئے   نفطون ۔ پٹرول   ثاقب ۔ چمکدار
نگینہ ۔ قیمتی پتھر)

2 ۔   وہی حق ہے

اکثر ہم دیکھتے ہیں علم کے لباس میں عابث بھی ہوتے ہیں جو لباس کی ڈور سے ہی ناواقف ہوتے ہیں۔ اور کچھ عمارا ایسے ہوتے ہیں جو بنا بنیاد کے چھتوں کو قائم کر کے خود کو قابلِ مرتب سمجھتے ہیں۔

ان کا یہ گمان و خیال ہوتا ہے کہ خدا ہوتا ہی نہیں۔ (نعوذ بااللہ) سب قدرتی ترتیب سے پیدا ہوئے ہیں۔

کیا وہ یہ نہیں سوچتے جس قدرت پر ان کا یقین ہے اس قدرت کو بنانے والا کون ہے۔ ہمیں اس بات کا علم ہے کہ ہر مخلوق ماں کے رحم میں اندھیروں میں بنتی ہے۔ مگر حقیقت سے ہم لاعلم ہے کہ اسی مخلوق کی ابتدائی تخلیق اس زمین پر کیسے ہوئی۔

کوئی تو ہے جو زمین پر ایک نظام بنا رہا ہے، کوئی تو ہے جو اپنی مخلوقات کو کھلا رہا ہے، زندگی دے رہا ہے، موت دے رہا ہے۔

زمین بنا کر آسمان کو چھت بنا دیا۔ ہواؤں کو مقرر کیا بادلوں کے سفر میں۔ چند وقت کے لئے مناسب مقدار میں بارش برسا رہا ہے۔ رحمت کی بوندوں سے اک چمن بنا رہا ہے۔ اس چمن کو اپنی مخلوقات کا رزق بنا رہا ہے۔ اس رزق کو سورج کی کرنوں پر تابع کر دیا۔

سورج کی تپش سے عرش پر بادل بنا دیا۔ اسی بادل سے سورج کو چھپا دیا۔ برستی رحمت کو زمین پر پھر بارد بنا دیا۔ یہ بدلتے ہوئے موسم کو اپنی ہی مخلوقات کے لئے صحت و دولت بنا دیا۔

قرآنِ پاک میں ارشاد ہے۔

الَّذِی جَعَلَ لَکُمُ الْاَرْضَ فِرَاشاً وَّالسَّمَآءَ بِنَآءً وَّاَنْزَلَ مِنَ السَّمَآءِ مَآءً فَاَخْرَجَ بِہ مِنَ الثَّمَرٰتِ رِزْقاً لَّکُمْ فَلَا تَجْعَلُوا لِلّٰہِ اَنْدَادًا وَّاَنْتُمْ تَعْلَمُوْنَ .

ترجمہ: وہی تو ہے جس نے تمہارے لئے زمین کو فرش بنایا اور آسمان کو چھت، اور آسمان سے پانی برسایا اور نکالا اس سے کئی پھل رزق تمہارے لئے پس نہ بناؤ کسی کو اللہ کا مدِمقابل حالانکہ تم جانتے ہو۔   (سورۃ بقرہ۔ آیت ۲۲)

انسان تکبّر اور غرور کے جال میں ایسے پھنس گیا ہے کہ اسے یہ احساس تک نہیں ہے کہ اس کی زندگی ہوا کے ایک ذرّہ آکسیجن کے تابع ہے۔ یہ خاک جس کو کچل کر چلتا ہے۔ یہی خاک نہ ہوتی تو انسان کا وجود ہی نہ ہوتا نہ ہی کسی مخلوق کا۔ جس بیج کو ہم فرسودہ سمجھتے ہیں وہی بیج لاکھوں کروڑوں کے لئے رزق کا باعث بن جاتا ہے۔ جس آبِ کے قطرہ کی ہمیں قدر نہیں، وہی ایک بوند بیج کو پھل میں بدل دیتا ہے۔ اگر انسان اپنے بنجر دل میں شعور کا بیج ڈال دے تو یقیناً آنسوؤں کی برسات سے سکونت و راحت کا باغِ جنت میسر ہوگا۔

کچھ اس طرح میں نے اس دل کو پاک کر دیا
آنسوؤں سے غسل دیا اور نفس کو خاک کر دیا

نفس یہ دل کی تہوں میں آتش کی طرح ہے جو دل کی دیوار کو پتھر میں بدلتا ہے، شعور اور احساس کو جلا دیتا ہے۔ نفس کی تپش سکونت، راحت اور دیانت کو خاک و نیست و نابود کر دیتی ہے۔ اسلئے نفس پر قابو پانا سب سے اہم ہے۔ یہ وہی نفسِ امارہ ہے جو گناہوں پر قلب کو آمادہ کرتی ہے۔ اس حد تک کہ ایک بھائی اپنے بھائی کا قتل کر دیتا ہے۔

جس طرح قرآنِ پاک میں اللہ تعالیٰ ارشاد فرماتا ہے۔

فَطَوَّعَتْ لَهُ نَفْسُهُ قَتْلَ اَخِیْهِ فَقَتَلَهُ فَاَصْبَعُ مِنَ الْخٰسِرِیْنَ۔

ترجمہ: پس اسے اس کے نفس نے اپنے بھائی کے قتل پر آمادہ کر دیا۔ پس اُس نے اُسے قتل کر دیا پھر وہ ہو گیا نقصان اٹھانے والوں میں سے۔ یہ انسان کی فطرت میں ہے کہ وہ یا تو شر پر آمادہ ہوتا ہے یا نیکی پر۔ (سورۃ ۵ ـ آیت ۳۰)

نفسِ امارہ انسان کو شر پر ایسے آمادہ کرتی ہے جیسے آتش فشاں زرخیز کو بنجر پر آمادہ کرتی ہے۔

وہی نفسِ مطمئنہ انسان کو نیکی پر ایسے آمادہ کرتی ہے جیسے برسات سرسبز کو رنگین چمن پر آمادہ کرتی ہے۔

جب تک انسان اپنے دل کو خالص نہیں کرتا تب تک شعور کا عکس دکھائی نہیں دے گا۔ کیونکہ دل مرکزی مقام کا مرتبہ رکھتا ہے۔ خدا کی یاد میں گرا ہوا ایک آنسو کا قطرہ دل کی گندگی کو صاف کر دیتا ہے اور دل کو دودھ کی طرح خالص کر دیتا ہے۔

حقیقت کی طرف راغب وہی ہوتا ہے جس نے صداقت کو محسوس کیا ہو، جس نے باطل کو خارج کیا ہے۔

جس نے علم کی قلم سے عمل کو لکھا ہو۔ جس نے خود کی معرفت کو محسوس کیا ہو۔ جس نے اپنی حیات کو موت کے صحن میں رکھا ہو۔ جس نے بند آنکھوں سے قدرت کو دیکھا ہو۔ جس نے تنہائی میں دنیا کے شور کو سنا ہو۔ جس نے خاموش زبان سے کہنا سیکھ لیا ہے۔ جس نے اپنے شعور سے قدرت پر توجہ ملبوس کر دیا ہو۔

یہ ایک ایسا انفرادی علم ہے جس کی کرنیں شعور کے بیج کو سکونت کے درخت میں تبدیل کر دیتی ہے۔ یہ خیال و قیاس اور غور و فکر ہر انسان کا حق ہے۔ انسان کو چاہیے کہ وہ اپنی زندگی کا ایک لمحہ قدرت پر غور کرے۔ وہ ایک لمحہ دائمی حیات میں اس کا گواہ بن جائے گا۔

خدا موجود ہے

کوئی سائل پوچھ رہا ہے کہاں خدا موجود ہے
تو خود ہی اِک جواب ہے کہ ہاں خدا موجود ہے

تو جی رہا جس زمین پر وہ قلیل مھا د ہے
دلِ ایمان کے مکان میں وہ مہرباں خدا موجود ہے

تو تاریک میں پیدا ہوا' انتہا بھی تاریک میں
چند وقت کے اجالے مگر ہر زماں خدا موجود ہے

منسوب ہر چیز یہاں ہر مضطور کے لئے
تو محدود ہے تو بے خبر ائے ناداں خدا موجود ہے

از الہ کر قیاس کو یہ طرز نہیں دائم
تو حاضر ہے وہاں جہاں خدا موجود ہے

محض قدرت ہی نہیں ہر وقت بھی مقدور ہے
وہی ہے کن فیکون جو راز داں خدا موجود ہے

عرشیہ کوثر

(مھاد ۔ ٹھکانہ ازالہ ۔ علحیدہ کرنے والی)

۳ ۔ قدرت میں جنّت

یہ انسان کی فطری کمزوری ہے کہ دنیاوی زندگی کو آرائش کرتا ہے مگر جنت کی خواہش نہیں کرتا۔ خواہش وہی رکھتے ہیں جو اسے پانے کی خالص نیت رکھتے ہیں۔ اللہ تعالیٰ اتنا رحمٰن ہے کہ ایک عمل پر راضی ہو جائے گا اور اتنا جبار و منتقم ہے کہ ایک ناپسند عمل سے ناراض ہو جائے گا۔ اگر ہم پل بھر کے لئے اتنی فکر کریں کہ اللہ کو راضی کرنے کے لئے کونسا عمل کروں۔ وہ اتنا محبت کرنے والا ہے کہ تمھاری اس سوچ پر بھی راضی ہو جائے گا۔ اس کی یاد میں آنسو کا ایک قطرہ جہنم کی آگ کو بجھا دیتا ہے۔

اللہ تعالیٰ تو بے نیاز ہے۔ سات سمندر کا خالق ہے، جنت کی نہروں کا خالق ہے۔ پر اسے محبت اس آنسو کے ایک قطرے سے ہے جو اس کی یاد میں گرے۔

یونہی نہیں برستی آنکھیں خدا کی یاد میں
محبت کے بادل ضروری ہیں عرش ایمان پر

عرشیہ کوثر

اس دنیا میں سب سے خوبصورت و اعلیٰ چھت ایک ایسا عرش ہے جس کی کوئی بنیاد نہیں۔ جو ہر طرف یکساں ہے۔ جو محسوس ہے۔ قریب تر پر فاصلوں میں دور ہے۔ جو ہے بے رنگ سا پر کئی رنگوں میں آراستہ۔ جو روشن ہے سرخیوں

سے پھر مطمئن بھی سرخیوں پر۔ کبھی نکھار میں مصباح سے دلہن بن جاتا ہے۔ کبھی تاریک میں نجوم سے انجمن بن جاتا ہے۔ جس کے فریضہ کی گود سے بہتی ہوئی بارد ہوائیں جب محسوس ہوتی ہیں آتش کو بجھا کر سکونت کا تحفہ دے جاتی ہے۔ یہ محبت کی ہوائیں گزرتی ہے۔ جب رنگین باغ دلہن سے تو زلفوں کو افزائش کر دیتی ہے۔ جب گزرتی ہے خزاں میں سرخ الوداعی دلہن سے تو سوکھے اوراق کو جدا کر کے برستی پھولوں کے مانند زیبائش کر دیتی ہے۔

یہ وسیع آئینہ شفاف سمندر جس میں کتنے پروان کے عکس چمک رہے ہیں۔ جس کے غلاف میں کتنے نور چمک رہے ہیں۔ سمندر انسان کے لئے سب سے بڑی دولت ہے۔ جس کے گہرے قیاس میں اگر ڈوب جائیں تو زندگی کٹ جائے گی۔ مگر نعمتوں کا شمار نہ کرسکیں گے۔ سمندر یہ اللہ کی وہ محبت ہے جس کی ساحل پر خوشنود کے دسترخوان بچھے ہوئے۔ جس کی گہرائی میں موتیوں کے خندق رکھے ہوئے۔ جس کے اندھیروں میں ستاروں کے سخن چمک رہے۔ جس کے باغات میں ہر مخلوق کے محل بن رہے۔

سمندر لذّت میں اپنی ایک پہچان رکھتا ہے۔ مگر یہاں اللہ نے ایک ایسا معجزہ رکھا ہے جہاں دولذّتیں ایک ساتھ ہیں مگر خلط ملط نہیں۔ ایک طرف لذیذ آب اور دوسری طرف نمکین آب۔ آخر ان دونوں آب کے درمیان اللہ نے کونسا غلاف رکھا ہے۔ آخر سائنسدان اس تحقیق پر مکمل کیوں نہیں اُترتے۔

قرآن پاک میں ارشاد ہے۔

وَهُوَ الَّذِیْ مَرَجَ الْبَحْرَیْنِ هٰذَا عَذْبٌ فُرَاتٌ وَهٰذَا مِلْحٌ اُجَاجٌ وَجَعَلَ بَیْنَهُمَا بَرْزَخًا وَحِجْرًا مَّحْجُوْرًا۔

ترجمہ : اور وہی ہے جس نے دو سمندر آپس میں ملا رکھے ہیں۔ یہ ہے میٹھا اور مزیدار اور یہ ہے کھارا کڑوا اور بنایا ان دونوں کے درمیان ایک حجاب اور مضبوط اوٹ کر دی۔ (سورہ ۲۵۔ آیت ۵۳)

اسی طرح اللہ نے کئی معجزات کی تخلیق کی ہے جو ہمارے مکان تفہیم کے درے کے باہر ہے۔ دیکھا جائے تو ہر شئے میں ایک معجزہ نظر آئے گا بشرطیکہ ہم اس پر غور و فکر کریں اگر ہم ایک بیج پر غور کریں تو وہ ہمارے دل کی بنجر زمین پر پھولوں کی طرح برسے گا۔ یقیناً اس کا مطلب یہ ہے کہ ہمارا ایمان اتنا پختہ ہو جائے گا جو ہمیں ہر لمحہ ہر شئے میں خدا کی یاد دلائے گا۔

یقیناً اللہ کو یاد کرنے سے دلوں کو سکون ملتا ہے۔ ذکرِاللہ سے مراد یہ نہیں کہ ذکر کی آیتیں دہرائی جائیں۔ بلکہ اللہ کو یاد کرنے کا مطلب یہ ہے کہ ہم اس کی محبت کو یاد کریں۔ اس کی دی ہوئی نعمتوں پر شکر ادا کریں۔ اس کی رحمتوں پر خوشنود کا مظاہر کریں۔

جب بھی اپنے آپ کو دیکھیں تو کہیں کہ ہاں تو ہی الخالق ہے، تو ہی الباری ہے، تو ہی المُصَوِّر ہے۔ جب بھوک کی شدت میں طعام پر راغب

ہوں تو کہیں کہ تو ہی الرَّزّاق ہے، ہر مرض کی دوا پر اسے یاد کریں تو کہیں کہ تو ہی الشافی ہے۔

ہر پہر و صبح و شام و غم اور خوشی و غم و خوشی، مصیبت و راحت و تنہائی میں، کبھی محفل میں، کبھی درد میں کبھی سکونت میں، عزت و ذلت میں، غربت میں دولت میں، جبال پر کبھی غار میں، کبھی جنگل تو کبھی صحرا میں، کبھی دریا و کبھی سمندر میں کبھی ساحل پر کبھی جزیرہ پر، کبھی برف میں آگ پر کبھی صحرا میں آب پر، کبھی کشتیوں میں کبھی سوار پر، کبھی کھال کے لباس میں کبھی پھولوں کی ٹھنڈ میں، کبھی شجر کے سایہ میں کبھی بادل کی برس میں، کبھی ہواؤں کے پرواز میں کبھی سمندر کے راز میں، کبھی سر تاج میں کبھی محتاج میں، ہر لمحہ دل کے ساز میں اللہ کا نام ہو، ہر آنسو میں اس محبت کا عکس ہو۔ بے شک خدا کی محبت میں برستی ہوئی آنکھیں دل کا غسل کر دیتی ہے۔

قرآنِ پاک کا ارشاد ہے۔

اَلَّذِیْنَ اٰمَنُوْا وَتَطْمَئِنُّ قُلُوْبُھُمْ بِذِکْرِ اللّٰهِ اَلَا بِذِکْرِ اللّٰهِ تَطْمَئِنُّ الْقُلُوْبُ۔

ترجمہ: جو لوگ ایمان لائے اُن کے دل اللہ کے ذکر سے اطمینان حاصل کرتے ہیں۔ یاد رکھو اللہ کے ذکر سے ہی دلوں کو تسلی حاصل ہوتی ہے۔

اگر اس ایک آیت کو ہم سمجھ لیں تو یقیناً یہ ایک آیت ہمیں ہر حال و ہر شئے میں غور و فکر کرنے پر آمادہ کرے گی۔ کیونکہ ہر شئے میں اللہ کی محبت چھپی ہوئی

ہے۔ ایک مفاد کی ترتیب و تدابیر چھپی ہوئی ہے۔ اللہ کی اس خوبصورت محبت میں جتنا ہم ڈوبتے جائیں گے جنت کی مہک کو محسوس کریں گے۔

اللہ کی ہر خوبصورت تخلیق جنت کے وجود کی گواہ ہے۔ اس بات میں کوئی ریب نہیں کہ جنت بے حد خوبصورت ہوگی۔ مگر دنیا کے اندھیروں میں خوبصورت چراغ ہیں، دنیا کے شور میں خاموش حسین مناظر بھی ہیں، دنیا کے مچلتے طوفان میں بہتے ہوئے دریا بھی ہیں، دنیا کے خوف میں کہیں مسکراتی کلیاں بھی ہیں، اس راستے پر مسافر وہی ہے جس میں سماعت و بصارت ہو، جس میں شعور و احساس ہو۔

جنت کو دیکھا ہے

نزول کرنوں میں برستی رحمت کو دیکھا ہے

رنگین آسمان میں تجلّی جنّت کو دیکھا ہے

وہ سرخیوں میں آفتاب کی ابابیل کے طواف

ہواؤں کی ہر ساز میں نغمہ قدرت کو دیکھا ہے

آئینہ شفاف میں کیا حسینوں کا عکس ہے

اس سمندر کی گود میں تاباں زینت کو دیکھا ہے

یہ مخمل سی خاک پر کتنے عطر مہک رہے ہیں

اس قالین میں چھپی ہوئی کتنی دولت کو دیکھا ہے

روشن ارض پر اندھیری چھاؤں کے سکوت ہیں

کبھی عرش میں ستاروں کی افشارِ الفت کو دیکھا ہے

سرخ پہاڑوں میں نغموں کی گونج ہے

دامن سے بہتی ہوئی نہر مدحت کو دیکھا ہے

کس غرور کی آگ میں یہ انسان جل رہا ہے

کوئی راغب نہیں یہاں ایسی جنت کو دیکھا ہے

عرشیہ کوثر

(تجلّی ۔ روشن   ابابیل ۔ جھنڈ   تاباں ۔ چمکتی   مدحت ۔ تعریف)

4. بحرِ ایمان

ایمان کا مطلب امن میں رہنا، تسکین وحفاظت میں رہنا اور امن میں وہی ہے جس نے حقیقت کو تسلیم کیا ہو۔ ایک اللہ پر توکل اور یقین رکھنا ایمان ہے۔ بے شک وہی ہے جس نے زمین کو بنایا جس کا کبھی وجود ہی نہ تھا۔ جس ذات نے زمین کو بنایا، وہی ہے جس نے آتش کو بنایا، وہی ہے جس نے سورج کو بنایا، وہی ہے جس نے سورج کے تابع زمین و سیاروں کو وضع کر دیا، وہی ہے جس نے ایک میزان بنایا۔

جس طرح قرآنِ پاک میں ارشاد ہے۔

الشَّمْسُ وَالْقَمَرُ بِحُسْبَانٍ۔ وَّالنَّجْمُ وَالشَّجَرُ يَسْجُدَانِ۔
وَالسَّمَآءَ رَفَعَهَا وَوَضَعَ الْمِيزَانَ۔

ترجمہ: آفتاب اور مہتاب حساب سے ہیں اور ستارے اور دخت دونوں سجدہ کرتے ہیں اور اسی نے آسمان کو بلند کیا اور اسی نے ترازو رکھی۔

اگر یہ میزان نہ ہوتا تو کسی بھی سیارے و ستاروں کا وجود ہونہ ہوتا۔ اللہ تعالیٰ نے یہ کیسی کشش کا تقرر کر رکھا ہے جس کے تابع میں سیارے و ستارے افشار سفر بن چکے ہیں۔

وہی واحد ذات ہے جس نے آتش کے دھویں سے ستارے بنا دیئے۔ وہی ہے جس نے ستاروں کی چمک سے اندھیروں کے مسافر کو راستہ دکھایا۔ وہی ہے جس نے مہتاب کو اوقات میں مرتب کر دیا۔ وہی ہے جس نے ہواؤں کو بادلوں پر مسخر کر دیا۔ وہی ہے جس نے دریا اور سمندر کو مسافر کے لئے مسخر کیا۔

نظریں جب اٹھی تیری محبت کی طرف
ایک تصویرِ قدرت کی سکون جنت بن گئی

قدرتِ الٰہی

تیری تخلیق میں ڈوبا ہوں نہ زماں نظر آتے
نہ ذرّہ دکھائی دیتا ہے نہ سرحدِ جہاں نظر آتے

دل بیدار ہو گیا جب دستک ہوئی دار پر
دہلیز پر آ گیا تو محشر کے میداں نظر آتے

تاریخ میں کبھی چراغِ سفر بنا دیا
سمندر کے اندھیروں میں کئی کارواں نظر آتے

بنجر سے پہاڑ میں قناطیر مل رہے ہیں
نہروں میں چمک تو کہیں افشاں نظر آتے

یہ انمول سی نعمتیں جو دکھ رہی ہر طرف
کئی رازِ ان گنت ہیں کچھ عیاں نظر آتے

کیا خوب ہے نظام اس عرش و زمین پر
کہیں کرنیں گر رہی ہے کہیں باراں نظر آتے

عرشیہ کوثر

(باراں ۔ بارش کی بوند   عیاں ۔ ظاہر ہونا   افشاں ۔ ابرک بکھیرنا   قناطیر ۔ خزانے)

5.   میزانِ الٰہی

قرآنِ پاک میں پہلی سورۃ میں اللہ تعالیٰ نے پہلی آیت میں ایک ایسی حقیقت کو بیان کیا ہے جس کا کوئی تصور بھی نہ کر سکتے تھے۔ مگر صورتِ حال میں محققین نے تحقیقات کر کے اس آیت کو تسلیم کیا کہ ہاں دنیا کے علاوہ بھی کئی اور جہاں ہیں جو قرآنِ پاک کی یہ آیت بیان کر رہی ہے۔

اَلْحَمْدُ لِلّٰهِ رَبِّ الْعٰلَمِیْن۔

ترجمہ: تمام تعریفیں اللہ تعالیٰ کے لئے ہے جو تمام جہانوں کا پالنے والا ہے۔

(سورۃ ۱ ۔ آیت ۱)

اتنا ہی نہیں اُن کے میزان کا بھی ذکر اللہ تعالیٰ نے کیا ہے جو سورۃ الرحمٰن میں مذکور ہے۔

اَلشَّمْسُ وَالْقَمَرُ بِحُسْبَانٍ۔

ترجمہ: سورج اور چاند حساب سے ہیں۔   (سورۃ ۵۵ ۔ آیت ۵)

وَالسَّمَآءَ رَفَعَهَا وَوَضَعَ الْمِیزَانَ۔

ترجمہ: اسی نے آسمان کو بلند کیا اور اسی نے ترازو رکھی۔

خدا نے بنا دیا

قبل کچھ موجود نہ تھا یہ جہاں کس نے بتا دیا
جو موجود تھا وہی موجود ہے اس خدا نے بنا دیا

جوہر سے کہکشاں تک سب مربوط ہیں مدار پر
رکتا نہیں کوئی بڑھتا نہیں اک میزان بٹھا دیا

امتحان کیوں جہاں کا اک سوچ میں پڑا ہوں
واحد ہے وہی اعلانِ حق اس نے سنا دیا

یہ ثقافتی جہاں یہ مسافر ہیں بندگی میں
راستے بھی غلام ہیں اک میدان بچھا دیا

ایک باہمی کشش ہے نہ تفریق ہے درمیاں
نفرت کے انسان کو کاروانِ محبت دکھا دیا

فریبی کے محفلوں میں بے تحاشا ہستا رہا
واحد اس حقیقت نے آج مجھ کو رلا دیا

عرشیہ کوثر

(مربوط ۔ جڑے ہوئے)

6. راہِ منزل

افزائشِ تمنّا کے اس دور میں ہر کوئی اپنی زندگی کا ایک مصروف مسافر بنا ہوا ہے۔ ہر کسی کی اپنی ایک منزل، اپنا ایک مقصد ہوتا ہے جسے حاصل کرنے کے لئے انسان اپنی قیمتی و مقدور زندگی کو مجبوط کر دیتا ہے۔ انسان حصولِ خواہش میں ایسے تجاوز کر دیتا ہے کہ اس کے احساس ہی پست ہو جاتے ہیں۔ انسان تبھی فوت ہو جاتا ہے، جب وہ اپنی موت کو بھول جاتا ہے۔

خیالوں کے طواف میں یہ بندگی نہیں ہے

بھول جائے موت کو وہ زندگی نہیں ہے

ثقافتی و تہذیبی زندگی کو انسان نے اپنے طریقوں کی ڈور سے باندھ رکھا ہے اور انسان نے اسی ڈور کو اپنے لئے زنجیر بنا رکھا ہے اور اپنے آپ کو اس میں ایسے ضبط کر لیا ہے کہ گویا وہ اس کی قید میں ہو۔ یہی وجہ ہے کہ بندہ محبت کی ڈور سے محروم ہے جو اسے خدا کی طرف رجوع کرئے۔

اس دنیا کے تقریباً تمام مذاہب میں ایک عقیدہ یکساں ہے کہ اس پوری کائنات کو بنانے والا خدا۔ اللہ۔ ایشور۔ گوڈ (God) وہ ایک ہے جو حق ہے۔ ایک عقیدہ، ایک منزل ہوتے ہوئے بھی انسان نے اپنے طور طریقوں کی سوار پر اپنے راستوں کو عزل کر دیا۔ جب کہ اسے لوٹنا وہیں ہے جہاں سے وہ آیا ہے۔

حق بات کو جان کر بھی انسان اگر انجان ہے تو اس نے اپنے عقلِ سلیم کو شیطان کے تابع کر دیا ہے۔ قبل شیطان ہی انسان پر حاوی نہیں ہوتا۔ انسان اپنے گمان سے شعور کے دروازے شیطان کے لئے کھول دیتا ہے، جس میں شیطان اپنے وسوسوں کو داخل کر کے انسان کو اپنے تابع میں کر لیتا ہے۔

اکثر لوگ کہتے ہیں کہ جب تقدیر ہی مکتوب ہے تو ہمارے اختیار میں کہاں۔ تو یہ حق بات واضح کر دوں کہ انسان اپنے گمان کی قلم سے اپنی تقدیر لکھتا ہے۔

حضرت ابو ہریرہؓ سے روایت ہے، حضورِ نبی کریمؐ نے فرمایا :

اللہ تعالیٰ فرماتا ہے کہ میرا بندہ میرے تعلق جیسا خیال رکھتا ہے میں اُس کے ساتھ ویسا ہی معاملہ کرتا ہوں۔ جب وہ میرا ذکر کرتا ہے میں اس کے ساتھ ہوتا ہوں۔ اگر وہ اپنے دل میں میرا ذکر کرئے تو میں بھی اپنے دل میں اُس کا ذکر کرتا ہوں، اور اگر وہ جماعت میں میرا ذکر کرئے تو میں اُس کی جماعت سے بہتر جماعت (فرشتوں کی) میں اُس کا ذکر کرتا ہوں۔ اور اگر وہ ایک بالش میرے نزدیک آئے تو میں ایک بازو کے برابر اُس کے نزدیک ہو جاتا ہوں۔ اور اگر وہ ایک بازو کے برابر میرے نزدیک آئے تو میں دو بازو کے برابر اُس کے نزدیک ہو جاتا ہوں اور اگر وہ میری طرف چل کر آئے تو میں اُس کی طرف دوڑ کر آتا ہوں۔ (صحیح بخاری، کتاب التوحید)

اللہ اپنے بندوں کے گمان کے مطابق معاملہ کرتا ہے۔ انسان خود ہی اپنی تقدیر کا کاتب ہے۔ ہاں یہ حق بات ہے کہ اللہ تعالیٰ کے حکم کے بنا ایک پتہ بھی نہیں ہلتا۔ وہی زندگی دیتا ہے وہی موت دیتا ہے اور وہی زندہ کرئے گا۔

قرآن پاک میں ارشاد ہے: لَا اِلٰہَ اِلَّا ھُوَ یُحْیٖ وَیُمِیْتُ۔ نہیں ہے کوئی معبود سوائے اُس کے وہی زندگی دیتا ہے وہی موت دیتا ہے۔ (سورۃ ۷۔ آیت ۵۸)

اللہ پاک نے اپنے بندوں کو عقلِ سلیم جیسا انمول عطیہ عطا کیا۔ اسی لئے انسان کو اشرف کہا جاتا ہے کہ انسان دنیا کی ہر مخلوق ہر شئے ہر نعمت کو اپنے تابع میں کرنے کی صلاحیت رکھتا ہے۔ عقلِ سلیم کی تفہیم صرف دنیا کی حدود تک نہیں بلکہ حقیقی زندگی کو تسلیم کرنا ہے۔ اور یہی شعور انسان کے لئے آزمائش ہے کہ وہ اس پر کس طرح تعمیل کرتا ہے کہ وہ دو دن کے مفاد کے لئے آیا ہے یا اس حیات کے لئے جو ہمیشہ قائم ہے۔

ہر انسان اس بات کو بایقین تسلیم کرتا ہے کہ وہ فانی ہے اور جس دولتِ زمین کے لئے جی رہا ہے وہ بھی فانی ہے۔ اُس کے باوجود بھی اسی پر جینے کے لئے مجبور و مجہول ہے۔ گویا اس کے قلب و شعور پر پردے گر چکے ہیں۔ اس کی سماعت و بصارت چھین لی گئی ہو۔

قرآن پاک میں اللہ تعالیٰ فرماتے ہیں۔

وَمَثَلُ الَّذِیْنَ کَفَرُوْا کَمَثَلِ الَّذِیْ یَنْعِقُ بِمَا لَا یَسْمَعُ اِلَّا دُعَآءً وَّنِدَآءً بُکْمٌ عُمْیٌ فَھُمْ لَا یَعْقِلُوْنَ۔

ترجمہ: جن لوگوں نے انکار کیا اُن کی مثال ان جانوروں کی طرح ہے جو اپنے چرواہے کی صرف پکار اور آواز ہی کو سنتے ہیں (سمجھتے ہیں) وہ بہرے گونگے اور اندھے ہیں۔ پس وہ نہیں عقل رکھتے۔

انسان کی یہ کیسی کمزوری ہے کہ باطل وہ بے دلیل باتوں پر عجلت سے یقین کرتا ہے اور حق و واضح باتوں سے اجتناب کرتا ہے۔ ترقی و کامران، مستقبل کے منصوبوں میں عزّت و دولت کی ہوس میں، خواہشات کے سمندر میں اس طرح ڈوبا ہوا ہے کہ اس کشتی سے محروم ہے جو اسے امن کے ساحل تک پہنچا دے۔ عالم وہی ہے جو نے علم کو جانا ہے۔ جس نے حق بات کو تسلیم کیا ہے۔ جس نے صحیح و غلط کے درمیان تفریق کی ہے۔

علم کے عروج پر پہنچنے والے بھی جاہلیت کے گڑھے میں گرے ہوئے ہیں جو حق بات کا انکار کرتے ہیں اور دنیاوی علم کو دنیاوی مفاد کی حد و دتک ہی حاصل کرتے ہیں۔ اُن کا منزل مقصود صرف دنیا ہے جو فانی ہے۔ یہ ایسے ذہنی و قلبی مرض کا شکار ہے جو انھیں موت نہیں بلکہ بعدِ موت اذیت دے گی۔

ایک لمحہ انسان کو حق راستے پر لے آئے گا جو لمحہ انسان نے اپنی زندگی کے قیاس میں گزارا ہو کہ اس کا اصل مقصد کیا ہے اور وہ کہاں جا رہا ہے۔

تو کہاں جا رہا ہے

کچھ حاصل نہیں نزع پر تو کہاں جا رہا ہے
اے ابنِ آدم ذرا ٹھہر تو کہاں جا رہا ہے

تو ساکن نہیں یہاں چند وقت کا تو مہمان ہے
قریب ہے میدانِ حشر تو کہاں جا رہا ہے

کیوں ریب ہے تجھے، بعد فوت اس حیات میں
کبھی بے جان تھا ذرا یاد کر تو کہاں جا رہا ہے

یہ آفتاب یہ مہتاب یہ زمین بھی مدار پر
کیوں زیغ ہے تجھے اے بے حذر تو کہاں جا رہا ہے

تو خالق نہیں کسی چیز کا تو خود ہی مخلوق ہے
پھر کس تلاش میں اے بے خبر تو کہاں جا رہا ہے

ہے جس گمان پر در بدر تو کہاں جا رہا ہے
محسوس کر خدا کے حضر تو کہاں جا رہا ہے

عرشیہ کوثر

(نزع۔ آخری سانس   بے حذر۔ بے ڈر   حضر۔ سامنے/ہمیشہ   زیغ۔ ٹیڑھا پن)

7. عبرت کے نشان

جب تک انسان کو غلط راہوں پر ٹھوکریں نہیں ملتیں تب تک اُسے احساس نہیں ہوتا۔ ہاں بہت کم مثالیں ہیں جو اپنے شعور و حق راہ پر مقدّم ہیں اور اکثریت میں ایسے بھی وجود ہیں جنھیں ہر قدم ٹھوکریں تو ملتی ہیں اُس کے باوجود بھی اُنھیں اذیت کا احساس نہیں ہوتا۔ وہ خسارہ اٹھانے کے عادی ہو جاتے ہیں .

تاریخ کے معجزات گواہ ہیں' جس قوم نے حق بات سے انکار کیا اس قوم نے خود کا نقصان کیا اور یہی ہیں جو آخرت میں بھی نقصان اٹھانے والے ہیں ۔ جس قوم پر اللہ کا غضب نازل ہوا اِس قوم کا یہی گناہ تھا کہ اس نے خود پر ہی ظلم کیا۔ اللہ کا ہر حکم ایک محبت کا مظاہرہ کرتا ہے جو وہ اپنے بندوں سے کرتا ہے۔ اللہ اپنے ہر بندہ سے محبت کرتا ہے۔ وہ تو ہر لمحہ انتظار کرتا ہے کہ کب اُس کا بندہ اُس کو پکارے۔ وہ اُس کو بھی کھلاتا ہے جو اُس سے مانگتے بھی نہیں ۔ وہ اُس کو بھی نعمتوں سے نوازتا ہے جو اُس کو یاد کرتے نہیں ۔ وہ اُس کی بھی حفاظت کرتا ہے جو اُس کو پکارتے بھی نہیں ۔

اللہ اپنے بندوں پر ظلم نہیں کرتا بلکہ بندے خود پر ہی ظلم کرتے ہیں ۔ جب وہ اللہ کے احکامات سے بے رغبت ہو جاتے ہیں ۔

وہ تو سکھا تا رہا جو محبت کی تہذیب تھی

بے رخی میں خود کو ہی وہ مٹاتے چلے گئے

اس سرزمین پر آیتوں کا، فرقان کا نزول اس وقت ہوا جب انسان سکونت و راحت کا حاجت مند تھا، جب وہ اذیت میں مبتلا تھا، جب وہ تنہا محتاج تھا، جب وہ گناہوں میں مبتلا تھا، جب وہ تعلیم سے محروم تھا، جب وہ حقیقت سے لاعلم تھا، جب وہ زندگی کے طریقوں پر ناموس تھا، جب وہ معصیت میں مربوط تھا، جب وہ جاہلیت میں مرتکب تھا، جب وہ ناحق مقتول و مظلوم تھا، جب وہ امداد کا مفلس تھا۔ ہر دور میں ہر ملک میں رسالت اور احکامات کا نزول ہوا۔ ایک لاکھ چوبیس ہزار پیغمبروں کا نزول اس سرزمین پر ہوا۔

دنیا کی ہر ادنیٰ مخلوق سے اعلیٰ مخلوق تک و باطن مخلوق سے ظاہر مخلوق تک ہر کوئی اپنی زندگی کی حاجت مندوں سے واقف ہے۔ مگر انسان کے لئے آیتوں اور احکامات کا نازل ہونا یہ اس کے اشرف ہونے کی وجہ ہے۔ انسان کی قوت یہ ہے کہ وہ اپنے تابع میں زمین کی ہر شئے اور مخلوق کو موضوع کر سکتا ہے۔ بلندی پر ہواؤں میں، سمندر کی گہرائی میں، زمین کے اندھیروں میں انسان قائم اور مستحق بنا ہوا ہے۔ فساد ہو یا امن ہو، قلع قمع ہو یا سکونت و طمع ہو یہ تو روایتی و عام بات ہے کہ انسان کے اختیار میں ہے کہ وہ خود کو نفع پہنچائے یا نقصان۔

یہ بات قابلِ تسلیم ہے کہ صحیح راستہ اختیار کرنے اور ظلم و اذیت سے نجات کے لئے زندگی کے صحیح مفہوم کے لئے اس ذات نے اپنے بندوں کو احکامات بھیجے جو سترّ ماؤں سے زیادہ محبت کرتا ہے۔

گناہوں میں ملوّث بندوں نے ہر بار انکار کیا اور اللہ انھیں کئی بار مواقع دیتا رہا کہ وہ حق بات کو تسلیم کرے۔ بندوں نے معجزہ مانگا' اللہ نے معجزات اُتار دیئے۔ بندوں نے اپنی حاجتوں کو مانگا اللہ نے انھیں بے شمار نعمتوں سے نواز دیا۔ پھر بندے اغوائے شیطانی اور خواہشاتِ نفسانی میں مرتکب ہو گئے تب اللہ نے انھیں عذاب کا پیغام بھیجا۔ وہ اس حکم سے بھی اجتناب و انکار کرتے رہے تب حکمِ الٰہی سے ان قوموں پر عذاب نازل ہوا جو قیامت تک عبرت کے نشان بن گئے۔

قرآنِ مجید میں ارشاد ہے۔

قُلْ هُوَ الْقَادِرُ عَلٰى اَنْ يَّبْعَثَ عَلَيْكُمْ عَذَاباً مِّنْ فَوْقِكُمْ اَوْ مِنْ تَحْتِ اَرْجُلِكُمْ اَوْ يَلْبِسَكُمْ شِيَعاً وَّ يُذِيْقَ بَعْضَكُمْ بَاْسَ بَعْضٍ ۔ اُنْظُرْ كَيْفَ نَصَرِّفُ الْاٰيٰتِ لَعَلَّهُمْ يَفْقَهُوْنَ۔

ترجمہ: آپ کہہ دیں کہ اس پر بھی وہی قادر ہے کہ تم پر کوئی عذاب تمہارے اوپر سے بھیج دے یا تو تمہارے پاؤں تلے سے یا کہ تم کو گروہ گروہ کر کے سب کو بھِڑا دے اور تمہارے ایک کو دوسرے کی لڑائی چکھا دے۔ آپ دیکھئے تو سہی ہم کس طرح دلائل مختلف پہلوؤں سے بیان کرتے ہیں' شاید وہ سمجھ جائیں۔ جن قوموں پر عذاب نازل ہوا آج بھی وہ مردار بستیاں بے جان پڑی ہوئی ہیں اور قیامت تک عبرت کا نشان بن کر رہے گی۔ یہ نشانیاں ہیں ان لوگوں کے لئے جو

بے خوف بھٹک رہے ہیں ۔

جس طرح عدالت میں ایک جج ثبوتوں اور گواہوں اور حق و واضح بیانات پر فیصلہ کرتا ہے ۔ اُسی طرح انسان اپنی ہی زندگی کا جج ہے جسے واضح نشانات ، واضح ثبوت و معجزات اور گواہوں مطلب کہ رسول ان تمام کو مدنظر رکھتے ہوئے اپنے شعور سے یہ فیصلہ کرنا ہے کہ اسے کس راستے پر چلنا ہے ۔ حق راستے پر جو واضح ہے یا اس راستے پر جس کا نہ کوئی گواہ ہے نہ کوئی ثبوت ہے نہ کوئی نشان و معجزہ ہے ۔ اللہ تعالیٰ نے کئی نشانیاں ، کئی معجزات اس سر زمین پر بچھا رکھے ہیں تا کہ انسان غور و فکر کرے ۔

خدا نے مٹا دیا

سجدے ہیں عرش پر کیوں شہر سے ہٹا دیا
اے فاسدِ عقل کو تو نے مکر سے مٹا دیا

یاد کر اس آگ کو جو گلزار بن گیا تھا
شانِ نمرود کو خدا نے مچھر سے مٹا دیا

کبھی قاتل کے محل میں عارض کو پناہ دی
فرعون کو خدا نے ایک لہر سے مٹا دیا

اک قوم تھی مدہوش جو ہوس کے لباس میں
زمین کو اٹھا کر خدا نے پتھر سے مٹا دیا

وہ لشکرِ اصحابِ فیل نہ بڑھ سکے اک قدم
عرش کے ابابیل نے انھیں کنکر سے مٹا دیا

فاسق تھے شکاری جو ایک دن بھی نہ رُکے
بندر سے بن گئے خدا نے فجر سے مٹا دیا

غرور کے پہاڑ پر کبھی عاد کا بسر تھا

بادل کے تحت ایک آندھی قہر سے مٹا دیا

معجزہ خدا کو جب قتل کیا ایک قوم نے

اوندھے وہ گر پڑئے خدا نے سحر سے مٹا دیا

خوف کر خدا سے جس نے ایک نذر سے مٹا دیا

دنیا کی طلب نے تجھے یومِ حشر سے مٹا دیا

عرشیہ کوثر

****

8۔ محبت کی ڈور

دنیا کی عظیم محبت ''ماں کی محبت'' ہے۔ ماں کی محبت ایک ایسی اعلیٰ و حسین و کشادہ محبت ہے جس کے مقابل میں دنیا کی کوئی محبت نہیں۔ ماں کی ممتا، محبت وشفقت کا گہرا سمندر ہے۔ ماں ایک ایسی صبور ہستی ہے جو اپنی اولاد کی خوشی کے لئے اپنی ساری زندگی آنسوؤں سے بہا سکتی ہے۔ ماں وہ سرتاج ہے جو اپنی اولاد کو اپنے سر کا تاج بنا کر خود کانٹوں پر چلے گی۔ ماں وہ سکونت کی چادر ہے جو اپنی اولاد کو ہر خوف اور باردہواؤں سے محفوظ رکھتی ہے۔ ماں وہ رحمت کی برسات ہے جو اپنی اولاد کی ہر تپش کو بجھاتی ہے۔ ماں وہ پھولوں کی مہک ہے جو اپنی اولاد کو مسرت وراحت دیتی ہے۔ ماں وہ مضبوط ہتھیار ہے جو خود دلہولہان ہو جائے گی مگر اپنی اولاد کو قلیل اذیت تک محسوس نہ ہونے دے گی۔ ماں ایک ایسی دوا ہے جو اولاد کے ہر مرض کو ختم کر دیتی ہے۔

اب اس بات پر غور کریں کہ اللہ تعالیٰ تو ستّر ماؤں سے زیادہ محبت کرتا ہے۔ یہ تو روایتی بول ہے۔ حق بات تو یہ ہے کہ ہم اللہ کی محبت کی وسعت کا اندازہ تک نہیں لگا سکتے۔ ذرا اس بات پر بھی قیاس کریں کہ جب اللہ نے آدم علیہ السلام کو پیدا کیا اور زمین پر بھیج دیا تو ہر قدم پر اللہ تعالیٰ نے انہیں زندگی جینے کا طریقہ بتایا۔ جب بھوک کی تڑپ سے وہ پریشان تھے تب اللہ تعالیٰ نے ہی جبرئیل علیہ السلام کے ذریعہ چند دانے بھیج دیئے اور کھیتی کرنے کا علم بتایا۔ جب

پیاس لگی تو رحمت کی بارش برسادی۔ میٹھے دریا و نہریں بہادیا۔ جب سردی میں وہ کانپ رہے تھے تب چوپایوں کی کھال کو پہنا دیا۔ جب دھوپ کی شدت سے پریشان تھے تب شجر کے سائے میں پناہ دے دی۔ ہر قدم پر اللہ تعالٰی اپنے بندوں کی مدد کرتا ہے۔ وہی تو ہے جو سارا نظام چلا رہا ہے۔ ہر دور میں اللہ تعالٰی نے نعمتیں نازل کر کے اپنے بندوں کو علم و مفاد سے نوازا۔ جب بندہ مرض میں مبتلا ہوا تب دواؤں کو زمین میں بچھا دیا۔ وہ ہماری اذیت کے قبل ہی مرہم بنا دیتا ہے۔ کیونکہ وہ تو مہربان، محبت کرنے والا و حفاظت کرنے والا اللہ تعالٰی ہے۔

ایک بوند میں اس نے ہزاروں ہیرے دکھا دیا
سمندر کے طوفان میں جزیرے دکھا دیا

میں مدہوش تھا زمین پر اس عرش نے جگا دیا
جب انسان سے جدا ہوا تو فرشتے دکھا دیا

اللہ تعالٰی کی محبت کی کوئی انتہاء نہیں۔ وہ ایک بوند سے خاک کو سرسبز بنا دیتا ہے۔ ہم بندے جس رزق کا تصور تک نہیں کر سکتے اللہ تعالٰی ایسی ایسی مختلف رنگین لذّت والے میوے نباتات بچھا دیتا ہے۔ ہر پھل میں اللہ تعالٰی نے الگ الگ لذّت چھپا دی۔ ہر پھل کو مختلف تشکیل، مختلف رنگوں، مختلف خوشبوؤں سے پھیلا دیا۔ یہ اللہ تعالٰی کی کیسی محبت ہے کہ اپنے بندوں کے لذّت کے لئے

کروڑوں قسم کے میوے ونباتات کے باغات بچھا دیئے۔ اپنے بندوں کی سکونت وراحت ومسّرت کے لئے مختلف عابق گلستان بنا دیئے۔

اللہ تعالیٰ وہ غنی ہے جس نے اپنے بندوں کی زینت کے لئے سمندر کی گہرائیوں میں موتی بچھا دیئے۔ کہیں زمین کی گہرائیوں میں انمول دھاتوں کو بچھا دیا۔ یہ اللہ تعالیٰ کی محبت ہے جس نے اپنے بندوں کی آسان زندگی اور آرام و راحت کے لئے مصنوعی اشیاء کی ایجاد کے لئے قدرتی باریک بین ذرّات کے کارواں بنا دیئے۔ اور اللہ تعالیٰ نے ہی اپنے بندوں کو عقلِ سلیم سے نواز کر عروج تک پہنچنے کے تمام راستے بتا دیئے۔

محبت کے بدلے تو محبت عطا کر
جنت کی آس نہیں تیری قربت عطا کر

دور نہ کر مجھے محتاج ہی رکھ تیرا
ہر سانس بھی جھک جائے وہ عبادت عطا کر

وہ رحیم ہے خدا

بے علم تھا میں ابتداً پر وہ علیم ہے خدا

وہ دیتا رہا ہر قدم جو کریم ہے خدا

ایک احساس نے جب مجھے کمزور کر دیا

تب خاک سے اگا دیا وہ حکیم ہے خدا

جب صحرا میں بن گیا ایک بوند کی تلاش تھی

اس نے بادل ہی برسا دیا وہ رحیم ہے خدا

جب کانپ اٹھا سرد ہواؤں کی گھیر میں

ایک نرم کھال پہنا دیا وہ حلیم ہے خدا

بے چین تھا تاریک میں کبھی سا زخوف میں

ستاروں سے مسرور کیا وہ عظیم ہے خدا

تھم گئے قدم تو سوار بتا دیا

مسخر کیا بحر کو وہ نعیم ہے خدا

سرعت نہ کر ذنوب پر وہ منتقم ہے خدا

عاجزی سے سر جھکا رحمٰن رحیم ہے خدا

عرشیہ کوثر

(سرعت ۔ جلدی   منتقم ۔ بدلہ لینے والا   صحرا ۔ ریت کا میدان)

9 ۔ دین میں تفریق

دینِ حق کی پہچان یہی ہے کہ یہ سہل ہے نہ کسی پر دشوار ہے نہ کسی پر پابند ہے نہ کسی پر زور آور ہے۔ اللہ تعالٰی قرآنِ پاک میں فرماتے ہیں۔

لَا اِکْرَاہَ فِی الدِّیْنَ قَدْ تَبَیَّنَ الرُّشْدُ مِنَ الْغَیِّ فَمَنْ یَّکْفُرْ بَالطَّاغُوْتِ وَیُؤْمِنْ بِاللّٰہِ فَقَدِ اسْتَمْسَکَ بِالْعُرْوَۃِ الْوُثْقٰی لَاانْفِصَامَ لَھَا وَاللّٰہُ سَمِیْعٌ عَلِیْمٌ ۔

ترجمہ: دین کے بارے میں کوئی زبردستی نہیں' ہدایت ضلالت سے روشن ہو چکی ہے۔ اس لئے جو شخص اللہ تعالٰی کے سوا دوسرے معبودوں کا انکار کر کے اللہ تعالٰی پر ایمان لائے' اس نے مضبوط کڑے کو تھام لیا جو کبھی نہ ٹوٹے گا اور اللہ تعالٰی سننے والا جاننے والا ہے۔ (سورۃ ۲ ۔ آیت ۲۵۶)

مگر افسوس ہے کہ علم کے باوجود بھی لوگ عمل کو دشوار بنا رہے ہیں۔ طریقوں کو فوقیت دے کر ذکرِ الٰہی اور ایمان قلب کو کتابوں میں ہی سجا رہے ہیں۔ خود کو دوسروں پر ترجیح دے کر باہمی تفریق کو پیدا کر رہے ہیں اور دینِ حق کے احکام کو تشدد میں بدل کر دشوار بنا رہے ہیں۔ کوئی عبادتوں میں تنازعہ کرتے ہیں' کوئی تنہا عبادت کی ترغیب دیتے ہیں' کوئی اجتماع کی ترغیب دیتے ہیں' کہیں شفاعت کی امید پر قائم ہیں تو کہیں مرحوم کے طفیل میں دعائیں مانگی جاتی ہیں۔ جب کہ اللہ تعالٰی سننے اور دیکھنے والا ہے اسے کسی کی شفاعت کی ضرورت نہیں۔ وہی واحد فیصلہ کرنے والا ہے۔ وہ ایسی قوت والاٴ زبردست فیصلہ کرنے والا ہے

کہ محشر میں اُس کے پیش کش تمام انبیاء بھی عاجزی وخوف سے کھڑے رہیں گے۔ مگر محمد اُس وقت بھی اپنی اُمّت کی محبت میں کھڑے رہیں گے مگر اللہ تعالیٰ ہی فیصلہ کرنے والا ہے۔

قرآنِ مجید میں اللہ تعالیٰ فرماتے ہیں : وَاتَّقُوْا یَوْماً لَّا تَجْزِیْ نَفْسٌ عَنْ نَّفْسٍ شَیْئاً وَّ لَا یُقْبَلُ مِنْهَا عَدْلٌ وَّلَا تَنْفَعُهَا شَفَاعَةٌ وَّلَاهُمْ یُنْقَرُوْنَ۔ ترجمہ: اس دن سے ڈرو جس دن کوئی نفس کسی نفس کو کچھ فائدہ نہیں پہنچا سکے گا' نہ کسی شخص سے کوئی فدیہ قبول کیا جائے گا' نہ اسے کوئی شفاعت نفع دے گی نہ ان کی مدد کی جائے گی۔ (سورۃ ۲ ۔ آیت ۱۲۳)

محض دین کی تعلیمات انسانیت کو محبت و یکسانیت کا پیغام دیتی ہے۔ تمام انسانیت سے حسنِ سلوک کا حکم دیا گیا ہے۔ مگر افسوس کے باہمی فرقوں میں ہی تلخی وطنزیہ زبانوں سے مباحثے چلتے ہیں۔ کچھ ایسے منافق لوگ بھی ہیں جو دین میں تجارتیں کر رہے ہیں اور بے علم قوم کو غلط راہ پر آمادہ کر رہے ہیں۔

ہم دیکھتے ہیں کہ کچھ ایسے ریا کار نمود کے تہذیبی قیمتی لباس میں اپنے فرقوں کو اختلافی و بہتان ونفرتی بیانات سے بہکاتے ہیں۔ جب کہ دینِ حق محبت سے ایک ہونے کا حکم دیتا ہے۔ کسی کو برا کہنے' اُس کی غیبت و چغلی وطنز کرنے سے سخت ممانعت کی ہے۔ کیونکہ اللہ تعالیٰ اپنے بندوں کے دلوں کا حال جانتا ہے کہ کون اس کا مقرّب ہے اور کون اس سے علیحدہ ہے۔ اگر علم کی دعوت دینا ہے تو اپنے اعمال و اخلاق اتنے خوبصورت بنا دو' جسے دیکھ کر ہر کوئی آپ کی طرف راغب ہو جائے۔

خود کے مفاد کے لئے حاصل ہو وہ علم نہیں ہوتا

جو دوسروں کو سہارا دے وہی عالم کہلاتے ہیں

دین میں تفریق

دل سے ہو عبادت تو اس میں بدعت نہیں ہوتی

طریقوں کے عوض میں اُتنی لذّت نہیں ہوتی

فرقے نہ بنا الٰہی کے دین میں

ایمان ہو جہاں وہاں شکایت نہیں ہوتی

زبان پر کلام اور تعمیل ہو عزل

مغرور احبار کی کوئی عزّت نہیں ہوتی

میزانِ دین پر کہیں تجارتیں ہو رہی

بیچے ہوئے ایمان کی کوئی قیمت نہیں ہوتی

عمل کے لباس سے پہچان ہے انسان کی

نمائش کے تاج میں کوئی صِفت نہیں ہوتی

راہِ احد پر کتنے قافلے بنا دیئے

منزل تو ایک ہے کیوں اس کی حسرت نہیں ہوتی   عرشیہ کوثر

10 ۔ حالتِ نزع

دو دن کی حیات میں ہر رشتہ یہاں فانی ہے
خدا سے رکھ محبت یہی زندہ ایمانی ہے

زندگی اللہ کی طرف سے دی گئی سب سے بڑی نعمت ہے، سب سے بڑا تحفہ ہے، سب سے اہم موقع ہے کہ ہم اس عظمت والے اللہ تعالیٰ کو کس طرح راضی کریں۔ یہ تو ہر دور کا معمول ہے کہ بچپن نادانی اور کھیل کود میں گزر جانا ہے۔ جوانی و بالغہ عمر عیش و راحت میں گزر جاتی ہے اور ضعیفی ایک چادر پر گزر جاتی ہے۔ اور عنقریب موت کا احساس ہوتا ہے کہ کاش ہم قوّت والی عمر میں اللہ کو راضی کر دیتے۔ اللہ تعالیٰ جوانی کی عبادت کو سب سے زیادہ پسند کرتا ہے۔ کیونکہ یہ عبادت صرف نماز، روزہ، زکوٰۃ یا حج کی ہی نہیں بلکہ حقوق العباد کو ادا کرنے کی ہے۔

زندگی وہ ہے جو موت کو فریاد کرے
موت وہ ہے جو کوئی زندگی آباد کرے

جنھیں اپنی دولت پر زندگی بھر غرور رہتا ہے وہی حالتِ نزع پر افسوس کرتے ہیں کہ کاش وہ ایک سکّہ کسی محتاج کو صدقے میں دے دیتے اور اُس کے بدلے اللہ کی خوشنودی کو حاصل کر لیتے۔

محض انسان تبھی مرجاتا ہے جب اُسے کسی نعمت و دولت، اللہ کی قدرت، انسانیت، محبت کا احساس ہی نہ ہو۔ وہ اپنی زندگی میں بس یوں سمجھئے زندہ لاش کی طرح جی رہا ہے۔ اندھیروں میں بھٹکتا ہوا، آنکھوں اور دلوں پر پردے پڑے ہوئے، نہ سنائی دیتا ہے، نہ بول سکتے ہیں۔ جس طرح قرآنِ پاک میں اللہ تعالیٰ کا ارشاد ہے۔

’’کفار کی مثال ان جانوروں کی طرح ہے جو اپنے چرواہے کی صرف پکار اور آواز ہی کو سنتے ہیں۔ وہ بہرے، گونگے اندھے ہیں، انہیں عقل نہیں۔

(سورۃ ۲۔ آیت ۱۷۱)

اُس کی تفہیم یہ ہے کہ بے عقل انسان جو اللہ تعالیٰ کے علم کا اور اس کے احکام کا انکار کرتا ہے، جو حق اور واضح ہے۔ اُس کی مثال ان جانوروں کی طرح ہے جو اپنے چرواہے کی پکار کو ہی سنتے ہیں۔ اس طرح بے عقل انسان ہے جو علم کو سنتا ہے مگر نہ اسے سمجھتا ہے نہ اس پر وہ غور و فکر کرتا ہے۔ یہ اندھیرے راستوں کے مسافر ہے۔ مضر راستوں پر خود پر ہی ظلم کرنے والے ہیں۔

بہرحال اگر یہی مسافر توبہ کر لے اور اپنے شعور و عقل سے سیدھی و روشن راستے پر قدم بڑھائے اور علم کو غور و فکر کر کے سمجھے تو اس کی مثال ایسی ہے گویا اس کی ولادت ابھی ہوئی ہو جو تمام گناہوں سے پاک ہو جاتا ہے۔ یہ اللہ تعالیٰ کی

مہربانی وکرم ہے کہ اس نے موت تک توبہ کے دروازے کھلے رکھے ہیں۔ خیر جب بندہ سیدھی راہ کی طرف بڑھتا ہے تو قلب اشکوں کی برسات سے پاک ہوجاتا ہے۔ خیالات و تصوّرات میں صرف اللہ کی محبت و قدرت کے طواف ہوتے ہیں۔ ہر سانس پر دل اللہ تعالیٰ کا شکر ادا کرتا ہے۔ ہر نظر پر آنکھیں قاصر و عاجزی کے ساتھ ذکرِ الٰہی کے سمندر میں ڈوب جاتی ہے۔ زبان پر صرف اللہ کا نام ہوتا ہے۔ دعا میں جب ہاتھ اٹھتے ہیں تو دل سجدے میں گر جاتا ہے۔ ہر طرف سکونت کا منظر اور مدحت کا نور دکھائی دیتا ہے۔ محض دنیا تو صرف چند وقت کی بھاگ دوڑ دکھائی دیتی ہے۔ آخرت کی فکر و انتظار میں ہی مسلسل رہتا ہے۔ اللہ کے حضور پیش ہونے کا انتظار رہتا ہے کہ کیا وہ راضی ہوگا۔

حالتِ نزع

کیسے کروں میں دستک اس در پہ اے خدا
گناہوں کے ہاتھ نے دل کو بے جان بنا دیا

خطاؤں کے پہاڑ ہیں میری طرزِ نزع پر اب
طلب ہے اب سانس کی تو وقت نے رُکا دیا

ہوں منتظر میں آج تیری رضا کا اے خدا
تو کھول دے توبہ کا در لے ہاتھ میں نے اُٹھا دیا

تیرے مفتاحِ نور نے اس قلب کو یوں کھول دیا
آتش کی زنجیروں سے مجھ کو آزاد کرا دیا

تو خاموش ہے اے خدا میں بے زباں بندہ تیرا
تو آواز دے ایک بار مجھے میں نے نظریں جھکا دیا

آنسو نہیں مٹا سکے میرے تصویرِ اعمال کو
تیرے نور کی قلم نے مجھے سب کچھ سکھا دیا

عرشیہ کوثر

(نزع ۔ آخری سانس   مفتاح ۔ چابی، کنجی)

11 ۔ اظہارِ قلب

جنت کی مہک ہے اس گلابِ عشق میں
جو کھلتا ہے خدا کے لئے آخری سانس تک

جو اللہ تعالیٰ کی محبت کے سمندر میں ڈوب جاتا ہے نہ اُسے دنیا کے اندھیروں سے خوف ہوتا ہے نہ دنیا سے خوف ہوتا ہے۔ اگر کسی چیز سے ڈر لگتا ہے تو وہ ہے برائی' کہیں برائی اس سے سرزد نہ ہو جائے ۔ وہ اللہ کی ناراضگی سے ڈرتا ہے کہ اللہ اگر ناراض ہو جائے تو دنیا و آخرت اس کی برباد ہو جائے گی ۔ مگر پھر بھی وہ ایک امید سے مطمئن رہتا ہے کہ اللہ تعالیٰ اپنے بندوں کی ایک ہی ادا پر راضی بھی ہو جاتا ہے' ایک ہی توبہ پر قریب آ جاتا ہے' ایک ہی دُعا میں مہربان ہو جاتا ہے' ایک ہی آنسو کے قطرے میں وہ محبت کا سمندر بہا دیتا ہے۔

کون کہتا ہے تقدیر پر حیات ہے
وہ ایک ہی دُعا میں کئی تقدیریں بدل دیتا ہے

ایمان یہ وہ محبت کا شجر ہے جو اشکوں کی برسات سے دل میں اُگ جاتا ہے' جس کے سائے میں راحت محسوس ہوتی ہے' جس پر حسنِ اخلاق و نیک اعمال کے پھل و پھول مہک جاتے ہیں ۔ یہی شجرِ ایمان جب مضبوط بن جاتا ہے تو روح

کا عطر بن جاتا ہے۔ جو مہک اللہ تعالیٰ کی محبت کا پیغام دیتی ہے۔ یہی شجرِ ایمان کی جڑ ذکرِ الٰہی ہے جو جتنی گہری ہوگی اتنا ہی شجرِ ایمان دل پر مضبوط قائم رہے گا۔

اللہ تعالیٰ کی طرف رجوع ہونے والے اُس کی قربت میں رہنے والے پرسکون ہو کر بھی ایک اضطراب میں ہوتے ہیں کہ کہیں وہ ایک پل کے لئے بھی اللہ تعالیٰ کو نہ بھول جائے۔ وہ ہر سانس پر اللہ تعالیٰ کا شکر ادا کرتے ہیں۔ وہ اس قدر ذکر میں مصروف رہتے ہیں کہ اللہ تعالیٰ کی ہر تخلیق پر متوجہ ہو کر اس کی مدحت و ستائش کرتے رہتے ہیں۔ ہر ذرّہ پر اللہ تعالیٰ کو یاد کر کے اپنے ایمان کو تر و تازہ رکھتے ہیں۔ اللہ تعالیٰ کی بنائی ہوئی ہر چیز سے محبت کرتے ہیں۔ پھر چاہے وہ خاک ہو یا ہوائیں ہو۔ وہ صرف ذکرِ خدا کے طلبگار ہوتے ہیں۔

خواہشیں چاندی کی نہیں، مجھے اُس مقام کی ہے
جہاں سانس بھی ملے تو دل میں ذکرِ ہو خدا کا

محض یہ صرف دنیا میں نہیں محشر میں بھی اللہ تعالیٰ کے حضور ہونے کے طلبگار ہوتے ہیں۔ اللہ تعالیٰ سے ملاقات کے طلبگار ہوتے ہیں نہ یہ دنیا کے خواہشمند ہوتے ہیں نہ جنت کی تمنا کرتے ہیں یہ صرف اللہ کی قربت کے طلبگار ہوتے ہیں۔

یہ مقرب بندے اللہ تعالیٰ کے لئے ہر بار شہید ہونے کی طلب وخواہش رکھتے ہیں۔ نہ انہیں دنیا کی بلندی چاہیے نہ دولت وشہرت۔ یہ اللہ کی رضا کو سب سے بڑی نعمت سمجھتے ہیں۔ جس میں کوئی شک نہیں۔ یہ اللہ تعالیٰ کے لئے عاجزی سے زندگی گزارتے ہیں اور یہی اُن کیلئے سب سے اعلیٰ ومعزز مقام ودرجہ ہے۔

تحریکِ قلب میں یہ ابصاریوں عداوت کر گئے

عاجز اشک کے منظر ہی شہادت بن گئے

یہ بات حق وظاہر ہوگئی کہ جب کفن نیک اعمال کا ہو تو قبر جنت کی سر زمین پر ہوگی۔

تیری چاہت ہے

ہر ایذا میں تیرا ذکر ہو اس زخم کی چاہت ہے
اشکوں سے مجھے شفا ملے اس مرہم کی چاہت ہے

نار سے نہیں مجھے اذیت ہے گناہوں سے
حسرت نہیں ریحان کی تیرے رحم کی چاہت ہے

محبت ہے ضرور تیرے کلام سے مجھے
لکھ دے تیرا نام اس قلم کی چاہت ہے

یہ محفلیں قلوب کی خو د غرض ہے سخن
ہر نفس ہو تیری طرف اس بزم کی چاہت ہے

یہ گردش زمانہ خوشیوں کی تلاش میں
تیری رضا کی نعمت ملے اس غم کی چاہت ہے

یہ طور مقام' یہ حسرتیں' یہ راستے منظور نہیں
جو لے چلے تیری طرف اس قدم کی چاہت ہے

عرشیہ کوثر

(ایذا۔تکلیف   ریحان۔جنت کی ہوائیں   سخن۔بحث مباحثہ   بزم۔محفل)

12 ۔ اصل مکان

اس گردشِ کائنات میں اس گردشِ عالم میں انسان بھی اپنی خواہشات اور مقاصد کے حصول میں گردش کر رہا ہے۔ دنیا کو ہی زندگی سمجھنے والوں کے قلوب بدگمانیوں کا کفن پہنے خواہشات کی خاک میں تدفین ہو چکے ہیں۔ خواہش رکھنا یہ انسان کی فطرت میں ہے مگر دنیا کو ہی خواہش بنا لینا یہ اندھیروں میں وحشت کا باعث بن جاتا ہے۔ کیونکہ دنیا صرف ایک اندھیرا ہے۔ جہاں چند وقت کے لئے چراغ روشن ہے۔ عنقریب یہ چراغ ایک ہوا کے جھونکے پر بجھ جائے گا اور سب کچھ قلع قمع و ویران ہو جائے گا۔

قرآنِ مجید میں ارشاد ہے۔

وَمَا أُوتِیتُم مِّن شَیْءٍ فَمَتَاعُ الْحَیَاةِ الدُّنْیَا وَزِینَتُهَا وَمَا عِندَ اللّٰهِ خَیْرٌ وَّاَبْقٰی اَفَلَا تَعْقِلُوْن ۔

ترجمہ: اور تمہیں جو کچھ دیا گیا ہے وہ صرف زندگی دنیا کا سامان اور اسی کی رونق ہے۔ ہاں! اللہ کے پاس جو ہے وہ بہت ہی بہتر اور دیرپا ہے۔ کیا تم عقل نہیں رکھتے ۔

جس زمین کا چار بیلین (Billions) سالوں قبل وجود نہ تھا آج اسی زمین کو سب نے اپنا ٹھکانہ ہی بنا لیا ہے اور چند وقت کے امتحان کو فراغت میں گزار رہے ہیں۔ یہ بات واضح ہے اور ظاہر بھی ہے کہ یہی دنیا فانی ہے جو گھٹتے

جا رہی ہے۔ جو آتش کی تپش سے ایک دن پوری مکمل فانی ہو جائے گی۔ اور اس کی تحقیق بھی کئی سائنسداں کر چکے ہیں۔

قرآنِ مجید میں ارشاد ہے۔ اَوَلَمْ يَرَوْا اَنَّا نَأْتِی الْاَرْضَ نَنْقُصُهَا مِنْ اَطْرَافِهَا وَاللّٰهُ يَحْكُمُ لَا مُعَقِّبَ لِحُكْمِهِ وَهُوَ سَرِيْعُ الْحِسَابِ۔

ترجمہ: کیا وہ نہیں دیکھتے؟ کہ ہم زمین کو ان کے کناروں سے گھٹاتے چلے آ رہے ہیں۔ اللہ حکم کرتا ہے کوئی اس کے احکام پیچھے ڈالنے والا نہیں ۔ وہ جلد حساب لینے والا ہے۔ (سورۃ ۱۳ ۔ آیت ۴۱)

حقیقت تو یہ ہے کہ زمین نہیں گھٹ رہی انسان کی زندگی گھٹ رہی ہے۔ جو چند روزہ ہے اور اس بات سے بے رغبتی کرنے والے اپنے عقل کو گھٹا رہے ہیں ۔

سمندر میں ڈوبے ہوئے تو آذر اساحل پر
ایک بوند سے وہ پروان کو زندگی دیتا ہے

انسان کا دل مطمئن تبھی ہوتا ہے جب وہ حق واضح بات پر قائم ہوتا ہے اور یہی سکون فرحت کی مہک بن جاتا ہے۔ جب وہ قدرت کے شائستہ مناظر پر متوجہ ہوتا ہے۔ ایک طرف یہ سراطِ عرش جو نہ موخذہ ہے نہ جس کی کوئی بنیاد نہ تشقیق ہے نہ تشکیل ہے پھر بھی دلکش و سائبان ہے۔

افسوس ہے کہ آج انسان سمندر کی گود میں ساحل کی نوک پر کبھی پہاڑوں کے طور پر کبھی دریا کی زلف پریشیوں کے محل تعمیر کر چکا ہے۔ مگر راحت و سکون سے محروم ہے۔ یہ سچ ہے کہ جتنی دولت و شہرت ہوگی انسان اتنا بے چین پریشان رہے گا۔ اس دنیا میں سکون کی نیند وہی لیتا ہے جو دو وقت کی روٹی پر اپنا گزارا کرتا ہے اور اللہ کا شکر ادا کرتا ہے۔

کچھ اس طرح تجھ سے محبت کی ہے
دور رہ کر تجھ سے ہی صحبت کی ہے

کئی اندھیروں نے مجھے قید کر دیا تھا
تیرے نور نے میری ضمانت کی ہے

یہی مکان ہے

شیشوں کے محل میں کتنے بے چین پریشان ہے

راحت میں وہی ہے جس کا بنا آسمان ہے

عروج کی طلب میں زوال پر ہو گئے

جو عاجز ہے زمین پر وہی کامران ہے

فراغت کے اجالوں میں سوئے ہوئے بے خوف میں

بیدار ہے وہی جہاں آفتاب روشندان ہے

نیچ کر ضمیر کو ذلّت کے دربار میں

عزّت ہے وہیں جہاں قدرت کے دیوان ہے

دولت کی زنجیروں میں خود کو آزاد سمجھ رہے

ضمانت ہے وہیں جہاں اعمال پر زندان ہے

مقاصد کی گردشوں میں وقت کو چھوڑ دیا

پابند ہے وہی جس کا حق سے پیمان ہے

تباہی کی فرش پر کئی باطل حکمران ہے

محفوظ وہی سرزمین جہاں رہنما قرآن ہے

عرشیہ کوثر

(زندان۔قید   پیمان۔وعدہ   کامران۔کامیاب   بناء۔چھت   دیوان۔شاہی دربار)

13 ۔ رازِ حُسنٰی

یوں تو ہم دیکھتے ہیں کہ قدرت کتنی حسین، خوبصورت و دلکش و دل پزیر ہوتی ہے۔ یہ تو اللہ پاک کی تخلیق ہے ذات سب سے پاک ہے۔

خوبصورتی کا سبب اس کا غلاف ہے۔ اللہ پاک نے ہر مخلوق، ہر شئے کو غلاف میں بنایا جو انتہائی حسین و دلکش ہے، چاہے وہ آب ہو جو پتھروں کے درمیان ہے، چاہے وہ ہیروں کے دریاہوں جو پہاڑوں کے دامن سے بہہ رہے ہیں، چاہے وہ مخلوق ہو جو ماں کے رحم میں بن رہی ہے، چاہے وہ خوبصورت کلی ہو جو پتیوں سے چھپی ہوئی ہو، چاہے وہ آنکھیں ہوں جو پلکوں سے چھپی ہوئی ہو، چاہے وہ غروبِ آفتاب ہو جو عرش میں سرخ دلہن کی مانند ہے۔

اس طرح دنیا کی ہر شئے جب تک با حیا و با پردہ ہے تب تک اس کی خوبصورتی و پاکیزگی و شائستگی محفوظ و برقرار ہے۔ ایک اعلیٰ ترین مثال تو کعبہ شریف ہے جو دنیا کا مرکزی مقام مانا جاتا ہے۔ اس کی خوبصورتی و کشش کا سبب اس کا غلاف بھی ہے۔

اس طرح قرآنِ پاک کی خوبصورتی و پاکیزگی کو نا پاکی سے محفوظ رکھنے کے لئے ہم اِسے غلاف میں رکھتے ہیں، کیونکہ وہ ایک محترم و باوقار کتاب ہے۔

انسان جسے اشرف المخلوقات کہا جاتا ہے کیونکہ انسان کو نہ صرف عقلِ سلیم کا شرف حاصل ہے بلکہ اُس کے ساتھ جسمانی خوبصورتی میں بھی اعلیٰ مرتب دیا گیا اور اس خوبصورتی کا سبب اس کا لباس ہے۔ بجز اس کے مخصوص بات تو یہ ہے کہ انسان کی خوبصورتی اس کا مکمل لباس ہی نہیں بلکہ اس کے اخلاق و اعمال بھی ہیں۔

انسان کے حسن اخلاق، عفت اعمال انسان کی خوبصورتی میں اضافہ کر دیتے ہیں۔ جو حسن اخلاق کا لباس پہنتے ہیں وہ دنیا کا سب سے حسین شخص ہے۔ اور یہی حسن اخلاق کی بنیاد اُس کا دل ہے۔ جو اپنے نور سے اس شخص کو باطنی و ظاہری منور کر دیتا ہے اور اگر دل میں حسد، کینہ و بغض برائی کی غلاظت ہو تو وہ شخص باطنی و ظاہری بے رونق ہو جاتا ہے۔ عاجزی، محبت و شفقت اور نیک دل چہروں کو با رونق اور روشن کر دیتی ہے اور تکبر و غرور و خود غرضی، انفاق، جہالت، بزدلی چہروں کو سیاہ کر دیتی ہے۔ جس طرح قرآنِ پاک میں اللہ تعالیٰ فرماتے ہیں۔

وُجُوْهٌ يَّوْمَئِذٍ مُّسْفِرَةٌ ۔

ترجمہ: اس دن بہت سے چہرے روشن ہوں گے۔ (سورۃ ۸۰ ـ آیت ۳۸)

وَيَوْمَ الْقِيَامَةِ تَرَى الَّذِيْنَ كَذَبُوْا عَلَى اللهِ وُجُوْهُهُمْ مُّسْوَدَّةٌ اَلَيْسَ فِیْ جَهَنَّمَ مَثْوًى لِّلْمُتَكَبِّرِيْنَ ۔

ترجمہ: اور جن لوگوں نے اللہ پر جھوٹ باندھا ہے تو آپ دیکھیں گے قیامت کے دن اُن کے چہرے سیاہ کر دیئے جائیں گے۔ کیا تکبر کرنے والوں کا ٹھکانا جہنم میں نہیں۔ (سورۃ ۳۹ ـ آیت ۶۰)

محض اس کے علاوہ حدیث مبارکہ ہے کہ ہمارے پیارے نبی صلی اللہ علیہ وسلم نے فرمایا: ''پاکی آدھا ایمان ہے''۔

یہاں پاکیزگی صرف جسمانی ہی نہیں بلکہ قلبی وروحانی ہے۔ جس مقام پر ہم رہتے ہیں اُس کی پاکیزگی ہے۔ جن اشیاء کا ہم استعمال کرتے ہیں اُس کی پاکیزگی ہے۔ ہماری زبان بھی پاک رہنا چاہیے۔ یہ ایمان کا نصف حصہ ہے۔

بحر حال اس کے علاوہ قدرت میں ایسے کئی علحیدہ حسین مناظر ہیں جن کا ہم تصور تک نہیں کرسکتے۔ مگر اللہ تعالیٰ نے اپنی کتاب میں اُن تمام مناظر کو واضح طور پر بیان کیا۔   قرآنِ پاک میں ارشاد ہے۔

هُوَ الَّذِیْ مَرَجَ الْبَحْرَیْنِ هَذَا عَذْبٌ فُرَاتٌ وَهَذَا مِلْحٌ أُجَاجٌ وَجَعَلَ بَیْنَهُمَا بَرْزَخاً وَحِجْراً مَّحْجُوراً۔

ترجمہ: اور وہی ہے جس نے دو سمندر آپس میں ملا رکھے ہیں۔ یہ ہے میٹھا اور مزیدار اور یہ ہے کھارا کڑوا۔ اور ان دونوں کے درمیان ایک پردہ اور مضبوط اوٹ کر دی۔   (سورۃ ۲۵ ۔ آیت ۵۳)

بات تو صرف سمندر کی نہیں ان پہاڑوں کی بھی ہے جن کے دامن سے آگ کا دریا بھی بہتا ہے اور میٹھے دریا بھی بہتے ہیں جو ہمیں سیراب کر دیتے ہیں۔ یہ تو اللہ کی محبت کا نظام ہے جس کی تعریف اور خوبصورتی کا مظاہرہ جتنا کریں گے کم ہے۔

حسنِ باحیا

یہ کعبہ کی کشش جو مرکزِ دنیا ہے
ہر حسین شئے خدا کی کیا خوب باحیا ہے

وہ نور ہے، وہ غیب ہے، وہ واحد ہی خدا ہے
قرآن بھی غلاف میں جو اندھیروں میں ضیاٗ ہے

عکس نما یہ آنکھیں پلکوں سے جھکی ہوئی
موتی بھی ایک مکان میں کیا حسین اشیاء ہے

کھلتے ہوئے پھول بھی کیا حسین پتیوں میں
وہی نساٗ حسین جس کا پردہ باسیا ہے

نمکین ہے، شیریں ہے دونوں میں ایک غلاف ہے
عزل نہیں، خلل نہیں، کیا خوب یہ دریا ہے

حسین، دل پذیر سرخ آفتاب بھی چھپا ہوا
قدرت یہ پاک ہے نہ نمود ہے نہ رِیا ہے

عرشیہ کوثر

(سِیا ۔ خواہش، چاہت   نساٗ۔عورت   رِیا۔دکھاوا   نمود۔نمائش   ضیاٗ۔ روشن)

14 . وقت

زندگی میں اگر قدر کرنا ہو تو وقت کی کرو ۔ کیونکہ دنیا کی ہر شئے، ہر دولت، عزت ہو یا شہرت سب کچھ دوبارہ مل سکتا ہے مگر وقت نہیں ۔ وقت ایک ایسی انمول چیز ہے جسے نہ کوئی حاصل کر سکتا ہے نہ کوئی مٹا سکتا ہے ۔ وقت ایک ایسا دریا ہے جو نہ کبھی رکتا ہے نہ کبھی پلٹا ہے ۔ وقت ایک ایسا مسافر ہے جو یکساں رفتار میں آگے بڑھتا رہتا ہے ۔

حق بات کی طرف اگر غور کریں تو وقت کا میزان بھی ایک دن فانی ہے ۔ یہ وقت بھی چند وقت کے لئے مقرر ہے ۔ دراصل یہ وقت کی راہیں مسافر کے لئے ایک امتحان ہے جہاں اُس کے قدموں کی قلم اُس کے اعمال کو لکھتے جا رہی ہے ۔ جس کی تکمیل منزل پر واقع ہوگی ۔ جس کا صلہ منزل پر ملے گا ۔

زندہ ہے وہی جو بیدار ہو گیا   وقت سے لڑتا ہے موت کے لئے

روزمرّہ کے مصروف اوقات میں ہر کسی کو یہ احساس ہوتا ہے کہ کاش وہ اپنا کام قبل ہی مکمل کر دیا ہوتا ۔ وقت کے پیچھے دوڑتے دوڑتے اپنی اصل زندگی کو پیچھے چھوڑ دیا ہے ۔ زندگی میں وقت کو نہیں پر وقت میں زندگی کو سمجھئے ۔ وقت کا ایک لمحہ آفتاب، مہتاب و سرزمین کے تابع ہے اور ہم عرصوں تک وقت کی قدر نہ کر سکے ۔

وقت پر احساس ہوتا ہے اسے بھی   جو وقت کو خود کا غلام سمجھ بیٹھے

قرآنِ مجید میں ارشاد ہے: هُوَالَّذِىْ خَلَقَكُمْ مِّنْ طِيْنٍ ثُمَّ قَضٰۤى اَجَلًا ۭ وَاَجَلٌ مُّسَمًّى عِنْدَهٗ ثُمَّ اَنْتُمْ تَمْتَرُوْنَ۔

ترجمہ: وہی ہے جس نے تم کو مٹی سے بنایا پھر ایک وقت معین کیا اور (دوسرا) معین وقت خاص اللہ ہی کے نزدیک ہے، پھر بھی تم شک رکھتے ہو۔

انسان مٹی کا بنا ہے۔ یہ اس بات کی طرف اشارہ کرتا ہے کہ یہ چند وقت کا مہمان ہے اور یہی حق بات ہمیں یہ غور و فکر کرنے پر مجبور کر دیتی ہے کہ یہ معین وقت دیا کیوں گیا ہے؟ اور یہی سوال ہمیں حق بات کی طرف لے جاتا ہے۔

اس وقت کے مکان میں نہ جانے کتنی طاقتور قومیں آئی اور گزر گئی۔ ہر دور میں ہر شئے، ہر مخلوق کا اپنا ایک معین وقت طے ہے۔ جسے نہ کوئی روک سکتا ہے نہ کوئی بڑھا سکتا ہے۔ کچھ وقت کے حالات آج بھی عبرت یا سبقت کا نشان بنے ہوئے ہیں۔

قرآنِ مجید میں ارشاد ہے: وَلِكُلِّ اُمَّةٍ اَجَلٌ ۚ فَاِذَا جَاءَ اَجَلُهُمْ لَا يَسْتَاْخِرُوْنَ سَاعَةً وَّلَا يَسْتَقْدِمُوْنَ۔

ترجمہ: اور ہر گروہ کے لئے ایک میعاد معین ہے سو جس وقت اُن کی میعاد معین آ جائے گی اس وقت ایک ساعت نہ پیچھے ہٹ سکیں گے اور نہ آگے بڑھ سکیں گے۔

بجائے زمین ومہتاب کے زمین پر موجود ہر شئے ہر مخلوق کی تخلیق ایک معین وقت میں ہوئی ہے۔ اُس کی اضافت و مساحت ایک معین وقت تک ہوتی ہے۔ بھوک ہو یا پیاس' نیند ہو یا بیدار ہو' مرض ہو یا شفا ہو' سانس ہو دھڑکن ہو ہر مخلوق ہر نظام ایک معین وقت کے تابع ہے۔ ہر نباتات' ہر چرند و پرند ہر مخلوق کی مُدّتِ حیات ہے۔

اللہ کی اس قدرت میں یہ بھی کتنی تعجب کی بات ہے کہ ایک چیونٹی جو سب سے ادنیٰ سی مخلوق ہے اُس کی مُدّتِ حیات تیس سال اور ایک طرف شیر جو جنگل کا بادشاہ ہوتا ہے اُس کی مُدّتِ حیات ۱۰ سال بنائی گئی۔

یہ اللہ کا دستور ہے کہ وہ جیسا چاہے جب تک چاہے بنا دیتا ہے اور جب چاہے مٹا دیتا ہے۔ زندگی اور موت صرف اسی کے ہاتھ میں ہے۔

قرآنِ مجید میں ارشاد ہے۔

وَمَا مِنْ دَآبَّۃٍ فِی الْاَرْضِ وَلَا طٰٓئِرٍ یَّطِیْرُ بِجَنَاحَیْہِ اِلَّاۤ اُمَمٌ اَمْثَالُکُمْ مَا فَرَّطْنَا فِی الْکِتٰبِ مِنْ شَیْءٍ ثُمَّ اِلٰی رَبِّہِمْ یُحْشَرُوْنَ۔

ترجمہ: اور جو زمین پر چلنے والے اور جو پرندے اپنے بازوؤں سے اُڑتے ہیں اُن کی بھی تمہاری طرح جماعتیں ہیں اور نہیں چھوڑی ہم نے کتاب میں کوئی چیز پھر سب اپنے رب کی طرف جمع کئے جائیں گے۔

وقت کے لئے

وقت کے پاس وقت نہیں کسی تخت کے لئے
وقت خود مصروف ہے یہاں مدتِ وقت کے لئے

نہ تاخیر کر یہاں، نہ انتظار کر کبھی
مقرر تیری حیات ہے چند رخت کے لئے

کسی وقت کی تلاش میں یوں وقت نہ گزار
یہ امتحان مخصوص ہیں فقط سبقت کے لئے

قدموں میں تیرے سرزمین رہے تاجدارِ آسمان
یہ نظام چل رہا ہے تیرے بخت کے لئے

غرف زندگی میں کئی حسرتوں کے پہاڑ ہیں
تو جی رہا مگر یہاں دو گز لخت کے لئے

وقت کہہ رہا ہے میں گزرتا ہوا وقت ہوں
تو ٹھہرا رہا بے جان سا چند فرحت کے لئے

عرشیہ کوثر

(رخت ۔ سامان   لخت ۔ ٹکڑا)

15 ۔ تو بھی معجزہ

یہ عقلِ سلیم کی معرفت ہے کہ کسی بات پر یقین کرنے کیلئے وہ ثبوت یا گواہوں پر منحصر ہوتا ہے۔ جس طرح عدالت کی قلم ثبوت کے قتر سے انصاف لکھتی، جس طرح حکیم مرض کی نشاندہی پر دوا لکھتا ہے۔ اسی طرح انسان اپنے شعور کے سائے میں راہِ حق پر چلتا ہے۔

بجائے اس کے اگر ہم غور کریں تو ایک مثال ہر مخلوق میں اعلیٰ متاثر ہے۔ وہ یہ ہے کہ والدین اپنی اولاد کو والدین ہونے کا ثبوت نہیں دیتے۔ کیونکہ اولاد کو اپنے والدین کی معرفت و محبت کا احساس تبھی ہو جاتا ہے جب اس میں شعور و تفہیم کا بیج بھی نہ اُگا ہو۔

نہ خبر ہے نہ نظر ہے کتنا نادان فتور ہے
طلب ہے صرف ماں کی یہی محبت کا دستور ہے

افسوس کی بات تو یہ ہے کہ اشرف اور دانش مند ہو کر بھی کتنا معذور و ناقص ہے کہ اپنے ہی خالق و رب سے بے رغبت و انجان ہے۔ اور وہ پاک ذات وہ خالق حق بات کو واضح کرنے کے لئے اپنے محبوب بندوں کے قدموں میں ہزاروں نشانات بچھا دیتا ہے۔ اور وہ عرش والا نہیں شرماتا ہے کہ کوئی مثال بیان کرے۔

جس طرح قرآنِ پاک میں ارشاد ہے۔

إِنَّ اللَّهَ لَا يَسْتَحْيِي أَن يَضْرِبَ مَثَلًا مَّا بَعُوضَةً فَمَا فَوْقَهَا فَأَمَّا الَّذِينَ آمَنُوا فَيَعْلَمُونَ أَنَّهُ الْحَقُّ مِن رَّبِّهِمْ وَأَمَّا الَّذِينَ كَفَرُوا فَيَقُولُونَ مَاذَا أَرَادَ اللَّهُ بِهَـٰذَا مَثَلًا يُضِلُّ بِهِ كَثِيرًا وَيَهْدِي بِهِ كَثِيرًا وَمَا يُضِلُّ بِهِ إِلَّا الْفَاسِقِينَ ۔

ترجمہ: یقیناً اللہ تعالیٰ کسی مثال کے بیان کرنے سے نہیں شرماتا خواہ مچھر کی ہو یا اس سے بھی ہلکی چیز کی۔ ایمان والے تو اپنے رب کی جانب سے صحیح سمجھتے ہیں اور کفار کہتے ہیں کہ اس مثال سے اللہ نے کیا مراد لی ہے؟ اس کے ذریعہ بیشتر کو گمراہ کرتا ہے اور اکثر لوگوں کو راہِ راست پر لاتا ہے اور گمراہ تو صرف فاسقوں کو ہی کرتا ہے۔

یہ تو عام بات ہے کہ جب بھی ہم سحر (جادو) دیکھتے ہیں تو سحر پر نہیں بلکہ سحر کے فاعل کی خوشامد کرتے ہیں جس نے ایک پل کے لئے کسی شئے کو بدل دیا۔ جو صرف ہماری بصارت پر ایک غلاف فریب ہوتا ہے۔ جس فریب پر ہم تعجب و حیرت سے راغب ہو جاتے ہیں۔ یہی رغبت ہماری اس کی طرف کیوں نہیں ہوتی جو مسلسل مختلف ان گنت مخلوقات و اشیاء بنا رہا ہے۔ جو نہ جانے کتنے ستاروں و سیاروں کو بنا رہا ہے۔ آخر اس کا فاعل و جاعل کون ہے؟ کیا اس سوال پر ہم آمادہ کہیں ہوتے۔

بحرحال ہر دور میں اللہ پاک نے تنے معجزات کا نزول کیا تا کہ وہ اپنے بندوں کو اندھیروں سے روشنی کی طرف لاسکے۔ مسیح عیسیٰ ابن مریم کو موسیٰ علیہ سلام، صالح علیہ سلام، محمد صلی اللہ علیہ وسلم کو اور بھی کئی معجزات کئی انبیاء کو قبل بھی دیئے گئے ہیں۔ قرآنِ پاک میں اللہ تعالیٰ نے کئی قبل معجزات کا ذکر کیا ہے۔ جیسے عیسیٰ کے چار معجزات:

۱) مٹی کے پرندے بنا کر اس میں پھونک مار کر ان کو اڑا دینا۔

۲) نابینا اور برص زدہ مریض کو شفا دینا۔

۳) مردوں کو زندہ کرنا۔

۴) غیب کی خبر دینا۔

سحر اور معجزہ میں اتنا ہی فرق ہے کہ سحر آنکھوں پر پردے ڈال دیتا ہے اور معجزہ آنکھوں پر گرئے پردے اُٹھا دیتا ہے۔ معجزہ ایک ایسی حقیقت ہے جس کے سامنے دنیا کے اعلیٰ سے اعلیٰ ساحر بھی جھک گئے۔

قرآنِ پاک میں ارشاد ہے۔

وَ اُلْقِیَ السَّحَرَۃُ سٰجِدِیْنَ قَالُوْا اٰمَنَّا بِرَبِّ الْعٰلَمِیْنَ ۔

ترجمہ: اور وہ جو ساحر تھے سجدہ میں گر گئے، کہنے لگے ہم ایمان لائے تمام جہانوں کے رب پر

بحرِ تصور میں اگر ڈوب جائیں تو قلب ایمان کی بصارت میں ہر شئے و ہر مخلوق، ہر احساس، ہر منظر بھی معجزہ الٰہی ہوگا۔ اگر انسان خود کی طرف نظر اٹھا کر

دیکھے تو اُسے خود میں بھی ایک معجزہ نظر آئے گا کہ جس کا کبھی وجود ہی نہ تھا' جس کو اللہ ایک بوند سے سات پردوں میں اندھیروں میں صحیح مقدار او اوسط میں حسین و خوبصورت اور سب سے عزل صورت میں بنا دیتا ہے۔ یہ تخلیق بھی اللہ کی سب سے بڑی نشانی و معجزہ ہے۔ قرآن پاک میں ارشاد ہے۔

وَمِنْ آیاتِهِ أَنْ خَلَقَكُم مِّن تُرَابٍ ثُمَّ إِذَا أَنتُم بَشَرٌ تَنتَشِرُون۔

ترجمہ: اللہ کی نشانیوں میں سے ہے کہ اس نے تم کو مٹی سے پیدا کیا پھر اب انسان بن کر پھیل رہے ہو۔ (چلتے پھرتے پھیل رہے ہو)

(سورۃ ۳۰ آیت ۲۰)

هُوَ الَّذِی خَلَقَكُم مِّن تُرَابٍ ثُمَّ مِنْ نُطْفَةٍ ثُمَّ مِنْ عَلَقَةٍ ثُمَّ یُخْرِجُكُمْ طِفْلًا ثُمَّ لِتَبْلُغُوا أَشُدَّكُمْ ثُمَّ لِتَكُونُوا شُیُوخًا ۔ وَمِنكُم مَّن یُتَوَفَّى مِن قَبْلُ وَلِتَبْلُغُوا أَجَلًا مُّسَمًّى وَّ لَعَلَّكُمْ تَعْقِلُونَ۔

ترجمہ: وہی ہے جس نے تمہیں مٹی سے پھر نطفے سے پھر خون کے لوتھڑے سے پیدا کیا۔

تو بھی معجزہ ہے

تخلیق تیری صحاف میں تو بھی معجزہ ہے
محفوظ سات غلاف میں تو بھی معجزہ ہے

ماں کے رحم میں بندھا ہے اک ڈور سے
تیرا رزق ہے مضاف میں تو بھی معجزہ ہے

نور کے مشابہ روشن ہے تاریک میں
تو چاند ہے طواف میں تو بھی معجزہ ہے

ہر احساس کا اس ماں کو اعتراف ہے
تو راز ہے اک لحاف میں تو بھی معجزہ ہے

نہیں کسی کے علم میں تیرا وجود ہی علحیدہ
تو تیرا ک ہے شفاف میں تو بھی معجزہ ہے

تصویر تیری سب سے عزل بنا دیا
ہے سفر تیرا اب شگاف میں تو بھی معجزہ ہے

عرشیہ کوثر

(صحاف۔ پانی کا چھوٹا چشمہ   غلاف۔ پردہ   مُضاف۔ اضاف دی گئی   عزل۔ علحیدہ)

16 .   جہاد عدل ہے

ہر مخلوق اپنی حیاتِ میں جہاد کی طرز پر قائم ہے جس کا مفہوم کوشش کرنا جہد کرنا ہے۔ جہاں اسلام دین میں جہاد کا ذکر ہے۔ اس جہاد کو درست و صحیح تفہیم کرنا انتہائی ضروری ہے کیونکہ آج کے اختلافی دور نے باطل مغرور و مخفی حکمرانوں کی سازشوں نے دینِ اسلام میں تصادم و نفرتیں پھیلانے کی کوشش کی ہے۔ یہ بات سمجھ نہیں آتی کہ دینِ اسلام سے اتنی مخالفت کیوں تھی اور آج بھی کیوں ہے؟

جب کہ یہ وہی دین اسلام ہے جو تمام جہانوں کے رب کو مانتا ہے۔ کیا اس میں کوئی شک ہے؟ یہ وہ دین ہے جو اس رزاق کے آگے سر جھکاتا ہے جس نے تمام مخلوقات کو پیدا کیا اور انھیں رزق دے رہا ہے۔ کیا اس میں کوئی غلط بات ہے؟ یہ وہ دین ہے جس نے انسان کو ہر حال میں، ہر مقام پر زندگی جینے کا طریقہ سکھایا۔ کیا اس میں کوئی اعتراض ہے؟

یہ وہ دین ہے جس نے ہر بات کو، ہر پیغام کو واضح دلائل کی طرز پر حق ثابت کیا۔ کیا اس میں کوئی شک ہے؟

یہ وہ دین ہے جس میں ہر نقصان، ہر اذیت و مصیبتوں سے بچنے کی مرتب و راسخ تدابیر بیان ہے۔ کیا اس میں کوئی مظلوم ہے؟

یہ وہ دین ہے جس نے ظاہرہ و باطن تمام نعمتوں سے باخبر کیا۔

یہ وہ دین ہے جس نے زمین کی گہرائیوں سے عرش کے آفاق تک،

ذرّوں سے ستاروں تک، ولادت سے وفات تک ہر علم سے واقف کرایا، اُس کے باوجود بھی انحراف کیوں؟

بالخصوص یہ وہی دینِ اسلام ہے جس نے کسی کو پابند نہیں بلکہ اپنے شعور سے جینے کی آزادی دی ہے۔

قرآنِ پاک میں ارشاد ہے: لَا إِكْرَاهَ فِی الدِّيْنِ قَد تَّبَيَّنَ الرُّشْدُ مِنَ الْغَیِّ فَمَنْ يَّكْفُرْ بِالطَّاغُوتِ وَيُؤْمِن بِاللّٰهِ فَقَدِ اسْتَمْسَكَ بِالْعُرْوَةِ الْوُثْقَىٰ لَا انفِصَامَ لَهَا وَاللّٰهُ سَمِيْعٌ عَلِيْمٌ۔

ترجمہ: دین کے بارے میں کوئی زبردستی نہیں، ہدایت ضلالت سے روشن ہو چکی ہے۔ اس لئے جو شخص اللہ کے سوا دوسرے معبودوں کا انکار کرتا ہے اور ایمان رکھتا ہے اللہ پر تو پس اُس نے مضبوط کڑے کو تھام لیا جو کبھی نہ ٹوٹے گا اور اللہ تعالیٰ سننے والا جاننے والا ہے۔ (سورۃ ۲ آیت ۲۵۶)

تعارضِ حکمراں کے اس دور میں دینِ اسلام کو پست کرنے کیلئے جہاد کو ہتھیار بنا کر اُسے جھوٹ و نفرت میں ملبوس کر کے پیش کیا جاتا ہے۔ اصل تاریخ اور صحیح مفہوم کو منسوخ کر کے اجلاسِ سخن میں نفرتی نظام چلائے جاتے ہیں۔

محض اگر ہم تخیّل کریں جہاد پر تو اُس کے معنی عدل و انصاف کے سوا کچھ نہیں۔ جہاد مطلب امن، جہاد مطلب انصاف، جہاد مطلب قصاص، جہاد مطلب سکون و محبت۔ یہ حکم اس وقت نازل ہوا جب مظلوم پر ظلم بڑھنے لگا۔

قرآنِ مجید میں ارشاد ہے : كُتِبَ عَلَيْكُمُ الْقِتَالُ وَهُوَ كُرْهٌ لَّكُمْ وَعَسَى أَن تَكْرَهُواْ شَيْئاً وَهُوَ خَيْرٌ لَّكُمْ وَعَسَى أَن تُحِبُّواْ شَيْئاً وَهُوَ شَرٌّ لَّكُمْ وَاللّهُ يَعْلَمُ وَأَنتُمْ لاَ تَعْلَمُونَ۔

ترجمہ : تم پر جہاد فرض کیا گیا اور وہ تمہیں دشوار معلوم ہو، ممکن ہے کہ تم کسی چیز کو بری جانو اور دراصل وہی تمہارے لئے بھلی ہو اور یہ بھی ممکن ہے کہ تم کسی چیز کو اچھی سمجھو حالانکہ وہ تمہارے لئے بری ہو۔ حقیقی علم اللہ ہی کو ہے اور تم نہیں جانتے۔　　　(سورۃ ۲ آیت ۲۱۶)

محض مکتوب تاریخ اور واضح دلائل اس حقیقت کے گواہ ہیں کہ اوزار تحفظ اس وقت اُٹھے جب تعارض کے ہتھیار اُٹھے۔ آواز بھی اُٹھی جب دشمنوں کی زیادتی و ظلمت بڑھی۔ ظلم کو روکنا اور مظلوم کی مدد کرنا، حق و انصاف کے لئے قدم بڑھانا جہاد ہے۔ پھر خواہ یہ ردِّ عمل خاموشی سے ہو یا بلند آواز و نفرت سے ہو یا محبت سے، گلزار سے ہو یا ہتھیار سے مگر ظلم کو روکنا فرض ہے جو جہاد کہلاتا ہے مگر اس کے بھی اپنے حدود و شرائط ہیں؛ کہ انصاف کرو، قصاص کرو مگر کسی پر زیادتی کرنا نہیں ہے۔

خیر ہم اس بات سے تو واقف ہیں کہ ظلم کرنا حرام ہے۔ بقول اس کے مظلوم بن کر ظالم کو مواقع دینا کیا یہ گناہ نہیں ہے۔ ہاں مناسب حالات میں صبر کرنا الگ بات ہے۔ مگر ظلم و زیادتی کو روکنے کے لئے جتنا قدم بڑھا سکتے ہوں اتنا بڑھانا بھی ضروری ہے۔

حدیثِ شریف میں آیا ہے۔

آپؐ نے فرمایا کہ تم میں سے جو شخص کوئی بری بات دیکھے اور اس کو اپنے ہاتھ سے روک دے تو وہ شخص (ذمّہ سے) بری ہو گیا اور اگر اتنی طاقت نہ ہو تو زبان سے برا کہے وہ بری ہو گیا اور اگر اتنی طاقت نہ ہو تو دل سے برا سمجھے تو وہ بری ہو گیا۔ یہ ایمان کا سب سے کم درجہ ہے۔

ہمارے نبیؐ نے دینِ اسلام کو محبت کا نام دیا' اپنی اُمت کو محبت کا پیغام دیا۔ نفرت کی جڑ کو مٹانے کا' محبت کے پھول برسانے کا پیغام دیا۔ یہاں تک کہ جہاد کے تعلق سے ہمارے نبی محمدؐ نے فرمایا۔

''سب سے افضل جہاد یہ ہے کہ اپنے نفس اور برے خواہشات سے جہاد کرے''۔   (صحیح جمعہ حدیث ۱۰۹۹)

کچھ اس طرح میں نے اس دل کو پاک کر دیا

آنسوؤں سے غسل دیا اور نفس کو خاک کر دیا

قلوب کا پاک ہونا سب سے بڑی فتح ہے۔ قلب کے میدان میں نفس کو شکست دینا بھی جہاد ہے۔ بغض' حسد' برائی' نفرت کا خاتمہ کرنا بھی جہاد ہے۔ جہاد وہ ہمدرد لہر ہے جو ڈوبتے مسافر کو ساحل تک پہنچاتی ہے۔ جہاد وہ عدالت ہے جہاں مظلوم کو انصاف ہی نہیں ظلم کا خاتمہ بھی ہوتا ہے۔

جہادِ اکبر یعنی سب سے افضل جہاد یہ ہے کہ اپنے قلب کو اغوائے شیطان سے اور خواہشات کے زنجیروں سے آزاد کرے۔ دل میں اچھائی اور محبت کی بنیادیں قائم کریں اور صداقت کی بناء پر خالص مکاں کا اعتقاد کرے۔ اس مفہوم کو مکتوم کرکے جو غلط بیانی اور غلط تشریح کی جارہی ہے انھیں اس بات سے واقف ہونا ضروری ہے کہ دینِ اسلام میں جو کتاب (قرآنِ پاک) رہنمائی کرتی ہے اسی کتاب میں اللہ تعالیٰ ظلم سے بچنے اور ظلم کو روکنے کے احکام دیتے ہیں۔

قرآنِ پاک میں ارشاد ہے۔

إِنَّ اللَّهَ يَأْمُرُ بِالْعَدْلِ وَالْإِحْسَانِ وَإِيتَاءِ ذِي الْقُرْبَىٰ وَيَنْهَىٰ عَنِ الْفَحْشَاءِ وَالْمُنكَرِ وَالْبَغْيِ يَعِظُكُمْ لَعَلَّكُمْ تَذَكَّرُونَ ۔

ترجمہ: اللہ تعالیٰ عدل کا، بھلائی کا اور قرابت داروں کے ساتھ حسن سلوک کا حکم دیتا ہے اور بے حیائی، ناشائستہ حرکتوں اور ظلم و زیادتی سے روکتا ہے۔ وہ تمہیں نصیحت کرتا ہے شاید کہ تم نصیحت حاصل کرو۔ (سورۃ۔۱۶ آیت۔۹۰)

جہاد یہ کوئی تلوار کی نوک سے لکھا ہوا لفظ نہیں۔ یہ تو عدل و انصاف، عافیت، دیانت، صداقت اور محبت کی کتاب ہے۔ جہاد خود کے تحفظ کی لڑائی نہیں۔ یہ تو مظلوم کو نجات اور مقتولِ ناحق کو انصاف دلانے کا میزانِ عدل ہے۔ اگر جہاد بدلہ اور لڑائی کا نام ہے تو ہمارے نبی محمد صلی اللہ علیہ وسلم یوں ساری عمر صبر نہ

کرتے۔ جنھوں نے اپنی حیاتِ صبر کی ڈھال میں گزار دی۔ جن مخالفین نے محمد صلی اللہ علیہ وسلم پر تہمتیں لگائیں، گالیاں دیں، پتھر مارے، یہاں تک کہ موت کے جال بچھا دیئے اُن مخالفین کو محمد صلی اللہ علیہ وسلم نے محبت سے، عافیت سے گلے لگایا۔ کیونکہ دینِ حق کے پیغمبر ہی رحمت بنا کر بھیجے گئے۔

قرآنِ پاک میں اللہ تعالٰی فرماتا ہے۔

وَمَا أَرْسَلْنَاكَ إِلَّا رَحْمَةً لِّلْعَالَمِينَ ۔

ترجمہ: اور ہم نے آپ کو تمام جہاں والوں کے لئے رحمت ہی بنا کر بھیجا ہے۔

(سورۃ ۔۲۱ آیت ۱۰۷)

جب پیغمبر ہی رحمت بنا کر بھیجے گئے تو ذرا قیاس کریں کہ انھوں نے جو پیغام پہنچائے وہ پیغام وہ دینِ حق کتنا محبت و رحمت والا ہے۔

جہاد کا مفہوم اگر سمجھنا ہے تو صلح حدیبیہ کی مفاہمت کا تذکرہ بھی ضروری ہے۔ جب محمد صلی اللہ علیہ وسلم ۱۴۰۰ اصحابہ اکرام کے ساتھ مکّہ شریف کی طرف عمرہ کے لئے روانہ ہوئے اور قریشِ مکّہ تعرض کی دیوار بن کر کھڑے رہے۔ یہ ایک ایسی خاموش جنگ تھی جس میں پیغمبر محمدؐ نے حاصر کو قاصر سے، عداوت کو دیانت سے، نفرت کو محبت سے، پتھر کو صبر سے، سازشوں کو عافیت سے، دہشت کو امن سے، زیادتی کو حلم سے جواب دے کر فتح حاصل کی۔ جس تحریری صلح نامہ نے ہر

طرف امن وسکون اور آزادی کی ہوائیں چلا دی۔ یہ ایک ایسی فتح تھی جسے "فتح مبین" کہا جاتا ہے۔

قرآنِ پاک میں اللہ تعالیٰ فرماتا ہے۔

اِنَّا فَتَحْنَالَكَ فَتْحاً مُبِيْناً ۔

ترجمہ: بیشک (اے نبیؐ) ہم نے آپ کو ایک کھلی فتح دی ہے۔

الغرض وضاحت کا مقصد یہی ہے کہ جہاد کوئی دہشت نہیں ایک محبت و سکونت وعدالت کا نام ہے۔ بس یوں سمجھئے کہ برائی کو شکست دینا مقصدِ جہاد ہے۔

یہی جہاد ہے

مت کرو نفرت دین سے جو بے علم جہاد ہے
قبل ہے کتاب میں خدا کو ناپسند فساد ہے

جب ظلم و قتال ہو کوئی بے قصور و مجبور پر
عدل پر ہو عزم یہی مضبوط عماد ہے

یتیم کو، مسکین کو ہر معصوم و غریب کو
رحم دلی میں محفوظ ہو یہی جنگ ہی کشاد ہے

ہر نفس یہاں آزاد ہے اپنے شعور پر
جب قتل کرے عدل کا تب قصاص ہی مفاد ہے

یہ خلافتِ حکومتیں یہ نفرتوں کی قید میں
جو مٹا دے نفرتوں کو وہ محبت آزاد ہے

دیانت کا و سخاوت کا، عدالت و شہادت کا
یہ فرض ہے عبادت جو خدا کی فریاد ہے

عرشیہ کوثر

(قتال ۔ جھگڑا   عماد ۔ سہارا، بنیاد   کشاد ۔ کامیاب، پھیلا ہوا   قصاص ۔ بدلہ)

17 ۔ قدرتِ الٰہی

اس بات میں کوئی شک نہیں کہ اللہ ہر چیز پر قادر ہے۔ وہ تو کن فیکون والی ذات ہے۔ اس کے معجزات اور آیات انسانی تحقیقات کے دائرے کے باہر ہیں۔ اس کے عبرت ناک عذاب اور شکر گذار نعمتوں پر شعور سے غور و فکر کریں تو سوائے اللہ کے کچھ دکھائی نہ دے گا۔ بر حق صرف معجزات و آیات ہی نہیں بلکہ یہ تمام قدرت ہی اللہ کی طرف سے سب سے بڑا معجزہ ہے۔

اللہ تعالیٰ وہ ذات ہے جو صحرا میں دریا کو اچھال سکتا ہے، جو پتھروں سے چشمے بہا سکتا ہے۔ یہ معجزہ تو واضح ہو چکا ہے جو موسیٰ علیہ السلام کی عصا سے ہوا۔ قرآنِ پاک میں ارشاد ہے۔

وَإِذِ اسْتَسْقَى مُوسَى لِقَوْمِهِ فَقُلْنَا اضْرِب بِّعَصَاكَ الْحَجَرَ فَانفَجَرَتْ مِنْهُ اثْنَتَا عَشْرَةَ عَيْناً قَدْ عَلِمَ كُلُّ أُنَاسٍ مَّشْرَبَهُمْ كُلُواْ وَاشْرَبُواْ مِن رِّزْقِ اللَّهِ وَلاَ تَعْثَوْاْ فِي الأَرْضِ مُفْسِدِينَ ۔

ترجمہ: اور جب موسیٰؑ نے اپنی قوم کے لئے پانی مانگا تو ہم نے کہا اپنی لاٹھی پتھر پر مارو، جس سے بارہ چشمے پھوٹ نکلے اور ہر گروہ نے اپنا چشمہ پہچان لیا، (اور ہم نے کہہ دیا کہ) الہ تعالیٰ کا رزق کھاؤ پیو اور زمین میں فساد نہ کرتے پھرو۔ (سورۃ ۲ ۔ آیت ۶۰)

جس نے اللہ کی قدرت وقوت کو محسوس کیا یقیناً وہ فتح یاب ہو چکا ہے۔ کیونکہ اللہ تعالٰی ہر چیز پر قادر ہے اور جب بندہ اللہ ہی سے امید رکھتا ہے تو یقیناً وہ دنیا و آخرت میں کامیاب ہو گیا۔

دنیاوی علم کے تعلق سے موت کے بعد مخلوق دوبارہ زندہ نہیں ہوتی۔ مگر دینِ حق کی تعلیمات میں واضح نشانیوں کے ساتھ اللہ تعالٰی موت کے ۳۰۰ (تین سو) سال بعد زندہ کر دکھایا۔

قرآنِ پاک میں اللہ تعالٰی فرماتے ہیں۔

فَضَرَبْنَا عَلَى آذَانِهِمْ فِى الْكَهْفِ سِنِيْنَ عَدَداً۔

ترجمہ: پس ہم نے ان کے کانوں پر گنتی کے کئی سال تک اسی غار میں پردے ڈال دیئے۔ (سورۃ ۱۸ ۔ آیت ۱۱)

ثُمَّ بَعَثْنَاهُمْ لِنَعْلَمَ أَىُّ الْحِزْبَيْنِ أَحْصَى لِمَا لَبِثُوا أَمَداً۔

ترجمہ: پھر ہم نے انھیں جگا دیا کہ دیکھیں دو گروہوں میں کون ان کے ٹھہرنے کی مدت زیادہ ٹھیک بتاتا ہے۔ (سورۃ ۱۸ ۔ آیت ۱۲)

وَلَبِثُوا فِىْ كَهْفِهِمْ ثَلَاثَ مِئَةٍ سِنِيْنَ وَازْدَادُوا تِسْعاً۔

ترجمہ: وہ لوگ اپنے غار میں تین سو سال تک رہے اور نو سال اور زیادہ گزارے۔

اگر اللہ کی تخلیق میں ڈوب جائیں تو اس دنیا میں ان گنت معجزات ہی نظر آئیں گے۔ وہ ذات جو پتھر سے چشمہ بہا سکتا ہے، وہ قلبِ حجر سے آنسو بہا سکتا ہے، وہ خالق جو ایک چھوٹی سی چڑیا کو پروان تک لے جا سکتا ہے، وہ مظلوم کو بادشاہ بھی بنا سکتا ہے، وہ اللہ پاک جو دریاؤں سے راستے بنا سکتا ہے، وہ سمندر کو شق کر کے راستہ بھی بنا سکتا ہے، وہ اللہ پاک تو دنیا کے بادشاہ کو مچھر سے موت دے سکتا ہے، وہ اپنے بندے کو مچھلی کے پیٹ میں محفوظ بھی رکھ سکتا ہے، وہ قدیر اللہ جو پہاڑوں میں پناہ دے سکتا ہے، وہ ایک کنکر سے بھوسا بھی بنا سکتا ہے، اللہ پاک تو ہر چیز پر قادر ہے۔

جو دنیا کو چھوڑ کر اللہ کی طرف رجوع ہو گیا تو بیشک اللہ تعالیٰ اُس کے قدموں میں دنیا و آخرت کو رکھ دیتے ہیں۔ مفہوم یہ ہے کہ وہ دنیا اور آخرت میں فتح یاب ہو گیا۔ دنیا کو چھوڑنا اس کا مطلب یہ نہیں کہ دنیا کے کام کاج نہ کرئے بلکہ اُس کا مطلب یہ ہے کہ دنیا کے عیش و آرام، خواہشات اور دولت کی ہوس میں غرق نہ ہو جائے۔

اللہ پاک تو علم حاصل کرنے کا حکم دیتے ہیں۔ اُس کی مخلوقات اُس کی قدرت پر غور و فکر کرنے کا حکم دیتے ہیں۔ جتنا ہم علم کے سمندر میں ڈوبتے چلے جائیں گے اُتنے ہی قربتِ الہٰی کے موتی حاصل ہوتے رہیں گے۔

مگر افسوس کے علم کے باوجود بھی انسان نے جہالت کو ہی اپنایا۔ اس دنیا میں زندہ شخص وہی ہے جو اپنی موت کو یاد کر رہا ہے۔

وہ خدا کرئے

صحرا میں ہو صبر تو زم زم بھی بہا کرئے
ایمان ہو توحید پر تو پتھر بھی کہا کرئے

کون کہتا ہے دُعا عرش پر ہی قبول ہے
دلوں میں ہو خدا تو عرش بھی دُعا کرئے

خاموش ہے قاصر تو دل کہہ اُٹھے گا
یا الٰہی قیدِ نفس سے رِہا کرئے

خوف ہے موت سے یا ظالم ہے خودی پر
احساس ہو حیات میں تو کون تجھے فنا کرئے

دنیا کی وباء سے خود کو معذور نہ بنا
صبر کر ذرا وہ صبر میں بھی شِفا کرئے

عدالت میں اُس کے محبت کا میزان ہے
ایک ہی عمل پر وہ تجھے جزا کرئے

عرشیہ کوثر

(عارض ۔ چند وقت کا   قاصر ۔ نیچی نگاہیں)

18 . قضائے ارکان

اگر مکان کو بلند و مضبوط تعمیر کرنا ہو تو اتنی ہی گہری و مضبوط بنیادیں قائم کی جاتی ہے۔ مکان کا وجود اُس کے ارکان پر مبنی ہوتا ہے۔ اگر قدرتی مثال کا تعین کریں گے شجر کی ساخت، مساحت، اضافت اُس کا وجود ہی اُس کی جڑ پر ہوتا ہے۔ اس طرح دینِ اسلام کے پانچ ارکان ہیں۔ انہیں ارکان کو اگر دل کی سرزمین پر گہری قائم کردی جائے تو وہی پر ایمان کا مکان تعمیر ہوگا۔ کیونکہ اسلام دل سے قبول کرنے کا نام ہے۔ ایمان دل سے اپنائیت و قبولیت کا نام ہے۔

علم اور عمل تو دستِ دین ہے اور ایمان قلبِ دین ہے۔ دل کی عبادت ایک ایسی اعلیٰ و افضل عبادت ہے جو قربتِ الٰہی کا مقام رکھتی ہے۔

قرآنِ پاک میں ارشاد ہے : الَّذِیۡنَ اٰمَنُوۡا وَتَطۡمَئِنُّ قُلُوۡبُهُمۡ بِذِکۡرِ اللّٰهِ اَلَا بِذِکۡرِ اللّٰهِ تَطۡمَئِنُّ الۡقُلُوۡبُ۔

ترجمہ: جو لوگ ایمان لائے اُن کے دل اللہ کے ذکر سے اطمینان حاصل کرتے ہیں۔ یاد رکھو اللہ کے ذکر سے ہی دلوں کو تسلّی حاصل ہوتی ہے۔

(سورۃ ۔۱۳۔ آیت ۲۸)

دین کے پانچ ارکان کلمہ، نماز، روزہ، زکوٰۃ، حج یہ ستون اسلام ایمان قلب پر منحصر ہیں۔

کلمہ صرف زبان سے کہنے کی شہادت نہیں۔ دل سے قبول و محسوس کرنے کا فرض اسلام ہے۔ لَا اِلٰہَ اِلَّا اللّٰه کہ اللہ کے سوا کوئی معبود نہیں کلمہ توحید اس بات کی تشریح کرتا ہے کہ تمام جہانوں کا رب ایک ہے اور وہی کن فیکون (یعنی جو کہتا ہے ہو جاتا ہے) کا رب ہے۔

آج کے فرسودگی کے اس دور میں کلمہ توحید کی خلافت کیوں ہوتی ہے۔ جب کہ توحید تو تمام انسانوں کو ایک کرتا ہے۔ کہ تمہارا رب ایک ہے۔ کلمہ توحید دلوں میں ایک اللہ کی محبت کو پیدا کرتا ہے۔ جس نے اُس کو بنایا اور وہی زندگی دے رہا ہے اور وہی موت دے گا۔ اس بات پر یقین رکھنے کے لئے کیا تحقیقات سائنسداں اور از خود علم مخلوق اس حق بات کا ثبوت نہیں کہ ہر شئے، ہر ذرّہ، ہر مخلوق ہر ستارہ، ہر سیارہ آپس میں ایک دوسرے پر منحصر ہیں۔ اور یہی تدابیر نظام کو بنانے والا بھی ایک ہے۔

کلمہ توحید ارکانِ دین میں اوّل اس لئے ہے کہ توحید ہی اسلام کا دل یعنی کے ایمان ہے۔ ایک اللہ پر یقین اور اُس کے رسول محمدؐ پر یقین۔ کلمہ توحید ایک ایسی اعلیٰ ترین عبادت اور سہل معمول ہے جس پر دنیا کا کوئی بھی شخص چاہے وہ بے زبان ہو یا معذور ہو، غریب ہو یا غلام ہو، محتاج ہو یا قید ہو، مظلوم ہو یا بے علم ہو وہ توحید پر باسہل راغب ہو سکتا ہے۔

قرآنِ پاک میں اللہ تعالیٰ نے بار بار اس بات کو دہرایا ہے کہ اس کتاب (قرآنِ پاک) کو ہم نے آسان کر دیا، جو کتاب دینِ اسلام کا ایک مکمل نچوڑ ہے۔

قرآنِ پاک میں اللہ تعالیٰ فرماتے ہیں ۔

وَلَقَدْ یَسَّرْنَا الْقُرْاٰنَ بِذِّکْرِ فَهَلْ مِنْ مُّدَّکِرٍ ۔

ترجمہ : اور بیشک ہم نے قرآنِ پاک کو سمجھنے کے لئے آسان کردیا، پس کیا کوئی نصیحت حاصل کرنے والا ہے؟

قُرآنِ پاک تو اوّل ترین اللہ تعالیٰ کی وحدانیت کا پیغام ہے۔ اس پر عقیدہ اور اُس کے احکام پر تعمیل تو بعد توحید کا سفر ہے۔

توحید وہ تنہا عبادت ہے، وہ ذکرِ الٰہی ہے جس میں اگر غرق ہو جائیں تو دین کے تمام ارکان ادا ہو جائیں گے۔ نماز جو دن میں پانچ بار اللہ کی یاد دلاتی ہے کہ وہی عظمت والا ہے، وہی اعلیٰ ہے، وہی اکبر ہے، وہی ایک ہے۔ اگر توحید پر ایمان ہو تو ذکرِ الٰہی میں قلب دن و رات سجدہ کرئے گا اور ذکرِ خدا میں اپنے آنسوؤں سے وضو کرئے گا۔ کیا حسین عبادت ہے جس کا استحصال اسی کو ہے جو اللہ کی قربت کے حاجت مند ہیں ۔

دوسرا ہے روزہ، جو صبر کے ذریعہ اللہ سے محبت کا مظاہرہ کرتی ہے۔ علم سائنس کے متعلق روزہ جسمانی جراثیم کو ختم کرنے کی ایک دوا ہے۔ واحد خدا کی یاد بھی ایک ایسی دوا ہے جو دل کی ہر گندگی کو صاف کر دیتی ہے۔ قبل نماز کے ہم جسمانی عضو کا وضو تو کرتے ہیں مگر اصل نماز تو وہی ہے جب دل کا وضو ہو۔

اللہ کی یاد و مذاکرے کے لئے ایک روزہ عبادت کی ماند ہے جس میں وہ دنیا

کی مال و دولت، عیش و آرام کی بھوک سے فراغت ہو جاتا ہے اور ہر عیب، اغوائے شیطان، برائیوں کے امراض سے نجات حاصل کر لیتا ہے۔

بجائے روزہ، زکوٰۃ وہ رکن ہے وہ فرض عبادت ہے جس میں مال و دولت اور زیور پر غرباً اور محتاجوں میں زکوٰۃ ادا کرنا ہے۔ زکوٰۃ کا مطلب ہی پاکیزگی ہے۔ اللہ سے محبت یہ وہ زکوٰۃ ہے جس میں روح و قلب کی تشفیف و عفت ہوتی ہے۔ خواہشاتِ نفس اور طلب دنیا کو قربان کر دیا جاتا ہے۔ زکوٰۃ کا مطلب مال و دولت تقسیم کرنا ہی نہیں بلکہ اصل و حقیقی مفہوم تو دل کو پاک کرنا ہے۔ دنیا و دولت کی ہوس سے۔

حج وہ رکنِ اسلام ہے جس میں اللہ کے گھر کی زیارت ہوتی ہے کہ بندہ لبیک کی صدا لگاتا ہے کہ میں حاضر ہوں۔ آج کے دور میں ہم دیکھتے ہیں کہ کئی لوگ معاشی حالات کی تنگ دستی کے سبب حج ادا نہیں کر سکتے مگر اس بات پر تو توقع کر سکتے ہیں کہ اللہ پاک خود لبیک ہو جاتے ہیں، جب بندہ دل سے اسے یاد کرتا ہے۔ اللہ پاک تو اپنے بندوں کی دعاؤں کا منتظر ہے۔ جب دل اللہ کی طرف راغب ہوتا ہے تو اللہ تعالیٰ اس دل میں بس جاتے ہیں۔ دراصل یہ تو اللہ سے محبت کا اظہار ہے۔

عزل و اعلیٰ خاص بات تو یہ ہے کہ دل کی عبادت کو سب سے پہلے فرضیت دی گئی۔

عبادت ہو رہی ہے

دل کے مکاں میں تیری زیارت ہو رہی ہے
طواف ہے لہو کا تیری قیادت ہو رہی ہے

میرے حجر سے بہہ رہا یہ زم زم آنسوؤں کا
نفس کو ذبح کیا اب شہادت ہو رہی ہے

پہن کر اعمال کو اب لبیک ہو گیا ہوں
ہر عیب سے میرے لباس کی اب طہارت ہو رہی ہے

برائی کے پہاڑ پر میں نے کنکر مارے دیئے
اذیت سے میرے روح کی اب نجات ہو رہی ہے

تیری دہلیز پر میں نے سجدہ کر لیا
یہ وفات ہے یا میری ولادت ہو رہی ہے

تیرے ذکر کی سحر سے میں نے روزہ رکھ دیا
متروک ہو جہاں کا اب زکوٰۃ ہو رہی ہے

عرشیہ کوثر

(قیادت ۔ رہنمائی   لبیک ۔ حاضر ہوں   اذیت ۔ تکلیف   متروک ۔ چھوڑنے والا)

19 ۔ قبر ایک پہلا قدم

یہ دنیا بجائے خواب کے کچھ نہیں ۔ یہ دو دن کا امتحان ہے جس کا صلہ خالد حیات پر متاثر ہے ۔ درحقیقت یہ بات تو برحق ہے کہ ہر کسی کو ہر مخلوق کو موت کا مزہ چکھنا ہے ۔ یہ بات بھی شعور کے دائرے میں ہے کہ ہر مخلوق قبل بے جان تھی پھر اُسے زندگی دی گئی عطیہ موت کے ساتھ پر موت کو عطیہ کہنے کا مفہوم و مقصد یہ ہے کہ موت اصل زندگی کی شروعات ہے اور قبر اصل حیات کا پہلا قدم ہے ۔

مومن کے لئے موت عطیہ خداوندی ہے ۔ کیونکہ ایمان والوں کے لئے یہ فانی دنیا سوائے بوجھ کے کچھ نہیں ۔ دراصل وہ تو اللہ کی رحمت کے تابع ہے وہ منتظر ہیں قیامت کے اور بعد موت حیات کے وہ تو خوف زدہ ہیں محشر کے وہ تو طلبگار ہے خدا سے ملاقات کے ۔ اللہ تعالٰی خود فرماتے ہیں کہ آخرت پر ایمان ہے تو موت کو طلب کرو ۔

قرآنِ پاک میں ارشاد ہے ۔

قُلْ إِن كَانَتْ لَكُمُ الدَّارُ الْآخِرَةُ عِندَ اللَّهِ خَالِصَةً مِّن دُونِ النَّاسِ فَتَمَنَّوُا الْمَوْتَ إِن كُنتُمْ صَادِقِينَ ۔

ترجمہ: آپ کہہ دیجئے اگر آخرت کا گھر تمہارے لئے خالص ہے سوائے لوگوں کے تو پس موت کی تمنا کریں اگر تم سچّے ہو۔ (سورۃ ۲ ـ آیت ۹۴)

وَمَا كَانَ لِنَفْسٍ اَنْ تَمُوتَ اِلَّا بِاِذْنِ اللّٰهِ كِتَابًا مُّؤَجَّلًا وَمَنْ يُّرِدْ ثَوَابَ الدُّنْيَا نُؤْتِهِ مِنْهَا وَمَنْ يُّرِدْ ثَوَابَ الْاٰخِرَةِ نُؤْتِهِ مِنْهَا وَسَنَجْزِى الشَّاكِرِينَ۔

ترجمہ: اللہ کے حکم کے بغیر کوئی جاندار نہیں مر سکتا۔ مقررشدہ وقت لکھا ہوا ہے۔ دنیا کی چاہت والوں کو ہم دنیا سے دیتے ہیں اور آخرت کا ثواب چاہنے والوں کو ہم اس سے دیتے ہیں اور عنقریب ہم نیک بدلہ دیں گے احسان ماننے والوں کو۔ (سورۃ ۳ ـ آیت ۱۴۵)

قرآنِ پاک میں اللہ تعالٰی فرماتے ہیں۔

وَمَا الْحَيٰوةُ الدُّنْيَا اِلَّا لَعِبٌ وَّ لَهْوٌ وَّلَلدَّارُ الْاٰخِرَةُ خَيْرٌ لِلَّذِينَ يَتَّقُوْنَ اَفَلَا تَعْقِلُوْنَ۔

ترجمہ: اور دنیاوی زندگانی تو کچھ بھی نہیں، بجز لہو ولعب کے اور دارِ آخرت متقیوں کے لئے بہتر ہے کیا تم سوچتے سمجھتے نہیں۔

جب دل اللہ کی طرف مائل ہو جاتا ہے اور دنیا سے مجتنب ہو جاتا ہے تب وہ بندہ صرف اللہ کی ملاقات کا منتظر ہو جاتا ہے۔ اس کی محبت کے سمندر میں موت کے موتی تلاش کرتا ہے۔ قبر کو سکونت و راحت کا مقام تصور کرتا ہے۔ اپنی آنکھوں میں اللہ کی قدرت کو نقش کر دیتا ہے۔ یہ وہ متقی ہے جو موت کے بعد

بھی اللہ کی قربت کا طلبگار رہتا ہے۔

یہ اللہ کا وہ محبوب بندہ ہے جو محشر میں بھی جنت کی خواہش نہیں بلکہ سجدوں میں جنت کی سکونت و راحت کو محسوس کرتا ہے۔

بیشک' قربتِ خداوندی کا سب سے بڑا اور انمول عطیہ ہے۔ اور اس کا مستحصل وہی ہے جس نے اللہ سے محبت کی ڈور باندھی ہو۔ زندہ شخص وہی ہے جس نے اپنی آنکھیں بند کی اور دل کو فتح کر دیا۔

آنکھیں کھلی ضرور ہیں مگر زندہ نہیں ہیں ہم
زندگی تو تب شروع جب دل کھلے ایمان پر

جس نے اللہ سے دوستی کی یقیناً اس نے اللہ کا قرب حاصل کر لیا۔ اور اس کا باوقار پاک لباس اس کے نیک اعمال کا کفن ہے۔ اور اس کے لئے سکونت کا مکان اس کی قبر ہے۔

کیا حسین لباس ہے جو پہنا تو کبھی اترتا نہیں
بڑا مطمئن سا گھر ہے جہاں پہنچا تو کبھی لوٹتا نہیں

****

وہ گھر ہے میرا

فانی یہ فرش پر کیا مقدر ہے میرا

سجدہ کروں وہاں جہاں گھر ہے میرا

اے فرشتوں ذرا تنہا چھوڑ دو مجھے

مکانِ سکوت کا یہ در ہے میرا

تاریک خواب میں کوئی منزل نہ ملی

حقیقت کے منور میں اب سفر ہے میرا

نور ہے ہر طرف عمل کے چراغ سے

میرے ایمان کی مہک ہے جو عطر ہے میرا

شب کی تاریخ میں کتنے کروٹیں بدل دیا

یہ آخرت کی اذان ہے جو فجر ہے میرا

سوال نہ کرو مجھے لے چلو میرے رب کے پاس

جواب ہوگا وہیں جہاں رہبر ہے میرا

بے تاب ہوں ان مرحوم کے صفوف میں

تنہا ملا دو اس سے جو امر ہے میرا

عرشیہ کوثر

20 .   توبہ سے پاک ہونا

توبہ مطلب پلٹ جانا پھر دوبارہ نہ کرنا۔ توبہ بھی اللہ کی طرف سے بڑی نعمت ہے۔ یہ اللہ کی طرف سے ایک ایسی رحمت ہے جو برائی سے عزل کردیتی ہے اور روح کو پاک کردیتی ہے۔ اور روح کا پاک ہونا مطلب اللہ کی قربت حاصل کرنا ہے۔ انسان خطاؤں کا مجسمہ ہے۔ تبھی تو توبہ جیسی نعمت عطا کی گئی۔ تا کہ بندہ گناہوں سے، خطاؤں سے نجات پا سکے۔ خطائیں انسان کے لئے خاسر ہیں جب تک اسے احساس نہ ہو۔ اور یہی خطائیں اس کے لئے محافظ وعبرت بن جاتی ہے جب اسے احساس ہو۔ یہاں احساس کا مطلب سوائے توبہ کے کچھ نہیں ۔

حدیثِ مبارکہ ہے۔ ہمارے پیارے نبیؐ نے فرمایا۔

’’آدمؑ کی تمام اولادِ خطا کار ہے، لیکن بہتر خطا کار وہ ہے جو توبہ کر لے‘‘

اللہ پاک نے توبہ کے دروازے تو ہماری حالت نزع تک کھلے رکھے ہیں ۔ بس مقرر وقت کے قبل توبہ کا موقع ملے۔ توبہ وہ غمِ دل کی صدا ہے جو گناہوں کے پہاڑ کو بھی ریزہ ریزہ کردیتی ہے۔ توبہ وہ اشکوں کی برسات ہے جو خشک صحرائے قلب کو سیراب کردیتی ہے۔ توبہ وہ مصباح ہے جو خوف کے اندھیروں کو دور

کر دیتی ہے۔ توبہ کا شرف بھی اسی کو حاصل ہے جو اللہ کی رضا کے طلبگار ہیں ۔ توبہ وہ معیاری عمل ہے جو برائی کو کبھی ہونے نہیں دیتی ۔

توبہ شیطانی اصفاد کی کنجی ہے جو اغوائے شیطانی سے رہا کر دیتی ہے ۔ توبہ وہ آنسو کا قطرہ ہے جب دل پر گرتا ہے تو دل کو گہرائیوں تک پاک کر دیتا ہے ۔ توبہ کا شرف جسے میسر ہوتا ہے وہی باوقار اور اعلیٰ مراتب کا حقدار ہوتا ہے ۔

کسی کو دکھ یا ایذا پہنچا کر اس سے معافی مانگنا ہی توبہ نہیں بلکہ دوبارہ کبھی کسی کو وہ اذیت نہ پہنچانا یہ اصل توبہ ہے ۔ اللہ کے احکام کی نافرمانی پر اللہ سے معافی طلب کرنا ہی توبہ نہیں بلکہ دوبارہ وہ نافرمانی نہ کرنا توبہ ہے ۔ جب انسان گناہوں سے، خطاؤں سے منہ پھیر لیتا ہے تب وہ اپنی زندگی کو ایک نئی راہ پر برقرار پاتا ہے ۔

گناہوں کی زنجیروں سے میری ضمانت ہو گئی
توبہ کی کنجی سے مجھے اب راحت ہو گئی

دیکھا جائے تو کئی لوگوں کا عقیدہ یہ ہوتا ہے کہ اللہ تو رحمن اور غفور الرحیم ہے تو وہ اسی کو ترجیح دے کر مسلسل گناہ کرتے ہیں پھر توبہ کرتے رہتے ہیں ۔ کیا وہ نہیں جانتے کہ اللہ قہار بھی ہے اور جبار بھی ہے، بصیر بھی ہے اور سمیع بھی ہے ۔ اللہ تعالیٰ نے قرآنِ پاک میں توبہ کے بعد اصلاح کا بھی حکم دیا ۔

جس طرح قرآنِ پاک میں ارشاد ہے۔

فَمَنْ تَابَ مِنْ بَعْدِ ظُلْمِهِ وَاَصْلَحَ فِاِنَّ اللّٰهَ يَتُوبُ عَلَيْهِ اِنَّ اللّٰهَ غَفُوْرٌ رَّحِيْمٌ.

ترجمہ: جو شخص اپنے گناہ کے بعد توبہ کرلے اور اصلاح کرلے تو پس بیشک اللہ توبہ قبول کرتا ہے، کیونکہ اللہ بخشنے والا رحم کرنے والا ہے۔

اِلَّا الَّذِيْنَ تَابُوْا وَاَصْلَحُوْا وَبَيَّنُوْا فَاُولٰئِكَ اَتُوبُ عَلَيْهِمْ وَاَنَا التَّوَّابُ الرَّحِيْمُ۔

ترجمہ: مگر وہ لوگ جو توبہ کرلیں اور اصلاح کرلیں اور بیان کردیں تو میں ان کی توبہ قبول کرلیتا ہوں اور میں تو بہ قبول کرنے والا اور رحم و کرم کرنے والا ہوں۔ (سورۃ ۲ ۔ آیت ۱۶۰)

اِلَّا الَّذِيْنَ تَابُوْا مِنْ بَعْدِ ذٰلِكَ وَاَصْلَحُوْا فَاِنَّ اللّٰہ غَفُوْرٌ رَّحِيْمٌ۔

ترجمہ: مگر جو لوگ اس کے بعد توبہ اور اصلاح کرلیں تو بیشک اللہ تعالیٰ بخشنے والا مہربان ہے۔ (سورۃ ۳ ۔ آیت ۸۹)

بہرِ حال کچھ علم والے ایسے بھی ہیں جو سب کچھ جان کر بھی برائیاں کرتے رہتے ہیں اور یہ توقع رکھتے ہیں کہ عنقریب موت کے توبہ کرلیں گے۔ یا کچھ ایسے بھی ہیں جو علم سے تو واقف ہیں مگر عمل پر آمادہ نہیں ہوتے اور موت کے قریب انہیں احساس نہیں ہوتا ہے۔ اور آج کی صورتِ حال تو یہ ہے کہ بندہ اپنی زندگی

کو دنیا کے عیش و آرام میں گزارتا ہے۔ اپنی عمر جوانی کو دنیا کی طلب میں گزار دیتا ہے اور یہ گمان کرتا ہے کہ ضعیفی کی حالت میں توبہ و استغفار کرلے گا۔ اور عبادت کے دائرے میں ضعیفی کو گزار دے گا۔ خیر یہ تو اللہ ہی جانتا ہے کہ وہ کس سے راضی ہے اور کون کیسا ہے؟ مگر اللہ تعالٰی نے قرآنِ پاک میں بھی اس بات کو واضح کردیا۔

قرآنِ پاک میں ارشاد ہے۔

وَلَيْسَتِ التَّوْبَةُ لِلَّذِينَ يَعْمَلُونَ السَّيِّئَاتِ حَتَّى إِذَا حَضَرَ أَحَدَهُمُ الْمَوْتُ قَالَ إِنِّى تُبْتُ الْآنَ وَلَا الَّذِينَ يَمُوتُونَ وَهُمْ كُفَّارٌ أُولَئِكَ أَعْتَدْنَا لَهُمْ عَذَاباً أَلِيماً۔

ترجمہ: ان کو توبہ نہیں جو برائیاں کرتے چلے جائیں، یہاں تک کہ جب ان میں سے کسی کے پاس موت آجائے تو کہہ دے کہ میں نے اب توبہ کی اور ان کی توبہ بھی قبول نہیں جو کفر پر ہی مر جائیں، یہی لوگ ہیں جن کے لئے ہم نے دردناک عذاب تیار کر رکھا ہے۔ ‏(سورۃ ۴ ۔ آیت ۱۸)

بات یہاں صرف اللہ کا انکار کرنے والوں کی ہی نہیں بلکہ اُس کے احکامات کا بھی انکار کرنے والوں کی ہے۔ بحرِ حال اللہ ہی دلوں کا حال جاننے والا ہے۔ وہ تو اپنے بندے کی ایک ادا پر راضی ہونے والی ذات ہے۔ بشرط یہ کہ بندہ اللہ پر ایمان رکھے۔

احساس کا صلہ

نہ نیند آتی ہے نہ خواب آتے ہیں
بند آنکھوں سے بہتے آب آتے ہیں

دنیا سے فرار ہو کر تنہا میں چل پڑا
فرشتوں کے قافلے اب بیتاب آتے ہیں

مشرق کی سرخیوں میں احساس ہو رہا
گزری ہوئی تاریک کے کئی مہتاب آتے ہیں

بحرِ ذنوب میں گو ہر کی جستجو تھی
توبہ کے دریا میں کئی تاب آتے ہیں

گناہوں کی کتاب پر اب قلم ہار گئی ہے
دستِ دعا میں تحریریں فتح یاب آتے ہیں

سمندر میں کبھی میں پیاسا سا بھٹک رہا تھا
اب خوابوں میں صحرا ہی سیراب آتے ہیں

عرشیہ کوثر

(مہتاب ۔ چاند   سیراب ۔ پیاس بجھانا   دستِ دعا ۔ دعا کے ہاتھ   ذنوب ۔ گناہ)

21۔   واحد رشتہ

دنیا کے تمام رشتے نازک ڈور سے بندھے ہوئے ہیں۔ جنھیں باندھنے کیلئے برسوں لگ جاتے ہیں اور ٹوٹنے کیلئے ایک لمحہ ہی کافی ہوتا ہے۔ عام طور پر ہم یہ دیکھتے ہیں کہ والدین اپنی اولاد کو عرصوں تک اپنی محبت سے باندھ کر رکھتے ہیں۔ اولاد کی ہر ضرورت اور خواہشیں پوری کرتے ہیں۔ ہر خوشی و کامیابی اپنی اولاد کے قدموں میں رکھ دیتے ہیں۔ مگر جب وقت آتا ہے اولاد کے نکاح کا اُس کے بعد اولاد والدین سے دور ہو کر اپنی زندگی کو ہی ترجیح دیتی ہے۔ اس طرح ایسے کئی رشتے ہوتے ہیں، بھائی بھائی کے درمیان، بہن بہن کے درمیان وغیرہ۔

مگر ایک رشتہ ایسا ہے جس کی محبت کی ڈور سے ہم جُڑ جائیں تو ہر حال میں، ہر قدم پر دنیا و آخرت میں یہ رشتہ قائم رہے گا۔ یہ وہ واحد رشتہ ہے جس کو ہم راضی کریں گے تو وہ دنیا کے تمام رشتوں کو ہمارے لئے محبت میں بدل دے گا۔

یقیناً و بیشک اللہ تعالیٰ ہے جو ہماری ہر خطا کو ایک ہی توبہ میں درگزر کر دیتا ہے۔ ہمارے گناہوں کے پہاڑ کو دعا کی ایک صدا سے ریزہ ریزہ کر دیتا ہے۔ جو ہماری رغبتی کا انتظار کرتا ہے۔ ہم اُسے یاد نہ بھی کریں تب بھی وہ ہمارا خیال رکھتا ہے۔ ہماری ضرورتوں کو پورا کرتا ہے۔ اگر ہم ایک قدم بڑھائے تو وہ دس قدم بڑھاتا ہے۔

اللہ سبحانہ تعالٰی تو عرش والے ہیں ۔ پاک ہے ۔ کن فیکون والی ذات ہے ۔ اکبرواعلٰی ہے ۔ مگر پھر بھی اپنے بندوں کی محبت کا انتظار کر رہے ہیں ۔ یہ ہماری سکونت و راحت کا سبب تو اللہ کی محبت ہے ۔ وہ ان گنت مخلوقات بنا رہا ہے ۔ انھیں کھلا رہا ہے ۔ کسی مخلوق کو وہ بھوکا نہیں رکھتا ۔ ایک چیونٹی اور مکھی کو تک وہ رزق دے رہا ہے ۔ وہ اپنی تدابیر سے ہر مخلوق کو رزق دیتا ہے ۔ جس کا ہم اندازہ تک نہیں لگا سکتے ۔

قرآنِ پاک میں اللہ تعالٰی فرماتے ہیں ۔

وَّ یَرْزُقْهُ مِنْ حَیْثُ لَا یَحْتَسِبُ وَمَنْ یَّتَوَکَّلْ عَلَی اللهِ فَهُوَ حَسْبُهُ اِنَّ اللهَ بَالِغُ اَمْرِهٖ قَدْ جَعَلَ اللهُ لِکُلِّ شَیْءٍ قَدْرًا ۔

ترجمہ: اور اسے اللہ تعالٰی ایسی جگہ سے روزی دیتا ہے جس کا اُسے گمان بھی نہ ہو اور جو شخص اللہ پر توکل کرے گا اللہ اسے کافی ہوگا ۔ اللہ تعالٰی اپنا کام پورا کر کے ہی رہے گا' اللہ تعالٰی نے ہر چیز کا ایک ایک اندازہ مقرر کر رکھا ہے ۔ (سورۃ ۳ آیت ۶۵)

ہم تو خاک ہیں محتاج ہیں کیا قوت ہے ہمیں
مانگو اس خدا سے جو قادر ہے ہر چیز پر

محبت خدا سے ہے

یہ رشتہ ہے دائم جو قربت خدا سے ہے
غیب ہے وہ علحیدہ پھر بھی محبت خدا سے ہے

نظریں ڈھونڈ رہی ہے وہ ہزاروں غلاف میں
یہ تڑپ و تلاش ہے یا ہدایت خدا سے ہے

کامل نہیں ایمان، ملّوث ہوں خطاؤں میں
طلب گار رہوں اسی کا یہ صحبت خدا سے ہے

برائی کے جام سے کئی بار گر گیا
اٹھتا رہا ہر بار یہ عافیت خدا سے ہے

اداس نہیں ہوں میں اس دنیا کو چھوڑ کر
صبر کی دولت مل گئی یہ قناعت خدا سے ہے

عرش کی طرف کبھی نظریں بے تاب تھی
سجدے مل گئے یہ تحفہ عبادت خدا سے ہے

عرشیہ کوثر

(قناعت ۔ کچھ نہ ملنے پر بھی راضی رہنا   صحبت ۔ دوستی   عافیت ۔ معافی)

22 ۔ نورِ کتاب

سب سے پہلے علم کا حکم اگر کسی دین نے دیا ہے وہ ہے اسلام ۔ جس کا پیغام قرآنِ پاک ہے ۔ جس میں اللہ پاک نے سب سے پہلے پڑھنے کا حکم دیا ۔ کچھ آیتیں ہیں جن میں اللہ تعالٰی نبیوں سے مخاطب ہے مگر انہی آیتوں کے ذریعہ اللہ تعالٰی تمام انسانیت کو پیغام دیتا ہے ۔ کیونکہ قرآنِ پاک تمام انسانیت کے لئے نازل کی گئی ہے ۔

قرآنِ پاک میں ارشاد ہے ۔

اقْرَأْ بِاسْمِ رَبِّكَ الَّذِيْ خَلَقَ ۔

ترجمہ: پڑھ اپنے رب کے نام سے جس نے پیدا کیا ۔ (سورۃ ۹۶ ۔ آیت ۱)

قرآنِ پاک ایک ایسی کتاب ہے جس میں دنیاوی اور اُخروی تعلیمات محفوظ ہیں ۔ محفوظ اس لئے کہ نہ اس میں کسی نے تبدیلی کی ہے اور نہ ہی تبدیلی کر سکے گا ۔ جس طرح قرآنِ پاک میں اللہ تعالٰی فرماتے ہیں ۔

وَإِنَّهُ فِيْ أُمِّ الْكِتَابِ لَدَيْنَا لَعَلِيٌّ حَكِيْمٌ ۔

ترجمہ: یقیناً یہ لوحِ محفوظ میں ہے اور ہمارے نزدیک بلند مرتبہ حکمت والی ہے ۔

(سورۃ ۴۳   آیت ۴)

اللہ تعالٰی فرماتے ہیں۔

بَلْ هُوَ قُرْآنٌ مَّجِيْدٌ۔ فِیْ لَوْحٍ مَّحْفُوظٍ۔

ترجمہ: بلکہ یہ قرآن ہے بڑی شان والا۔لوحِ محفوظ میں ہے۔

(سورۃ ۸۵   آیت ۲۱۔۲۲)

یہ وہ کتاب ہے جس نے سمندر کی گہرائیوں میں چھپی ہوئی نعمتوں کا مظاہرہ کیا' نباتات میں چھپی ہوئی رزق کا اشارہ دیا' زمین میں چھپی ہوئی دولتوں کا اشارہ دیا۔تا کہ ہم غور و فکر کریں اور اپنی زندگی کو پرسکون بنا کر اللہ کا شکر ادا کریں۔اتنا ہی نہیں کتابِ الٰہی نے اندھیروں کے سفر میں' سمندر کے سفر میں' صحرا کی خشکی میں راستے دکھا دئیے۔اُس کا مفہوم یہ ہے کہ قرآنِ پاک علمِ نجوم کو حاصل کرنے کا بھی حکم دیتی ہے تا کہ انسان اندھیروں میں خشکی و بحر میں اپنے سفر کو آسان کر سکے۔

قرآنِ پاک میں ارشاد ہے۔

''اور وہ ایسا ہے جس نے تمہارے لئے ستاروں کو بیدار کیا تا کہ تم ان کے ذریعہ سے اندھیروں میں خشکی میں اور دریا میں راستہ معلوم کر سکو۔ بیشک ہم نے آیات کو کھول کھول کر بیان کر دیا اس قوم کے لئے جو علم رکھتے ہیں۔

قرآنِ پاک قلبی و روحانی امراض کی دوا تو ہے مگر ساتھ ہی جسمانی امراض کی بھی دُوا ہے۔جس میں تمام امراض کی دُوا شہد کا ذکر کیا گیا۔

قرآنِ پاک میں ارشاد ہے۔

’’آپ کے رب نے شہد کی مکھی کے دل میں یہ بات ڈال دی کہ پہاڑوں میں درختوں اور لوگوں کی بنائی ہوئی اونچی اونچی ٹٹیوں میں اپنے گھر بنا۔ اور ہر طرح کے میوے کھا اور اپنے رب کی آسان راہوں میں چلتی پھرتی رہ۔ ان کے پیٹ سے رنگ برنگ کا مشروب نکلتا ہے جس کے رنگ مختلف ہیں اور جس میں لوگوں کے لئے شفا ہے۔ غور و فکر کرنے والوں کے لئے اس میں بہت بڑی نشانی ہے۔

اس کتاب کو اگر ہم پڑھیں گے تو ہر علم سے واقف ہو جائیں گے۔ عرش کے آفاق سے، عرش کی گہرائیوں تک، بادل کی برسات سے سمندر کی گہرائی تک، آفتاب سے مہتاب تک، حیات سے وفات تک، بیج سے سبز باغات تک، نقوش سرزمین سے عرش کی بلندیوں تک، دنیا و آخرت تمام علوم اس کتاب میں موجود ہیں۔

یہ ڈور ہے خدا کی جس نے مجھے سہارا دیا

علم کے اس نور نے خدا تک مجھے پہنچا دیا

قرآنِ پاک سے محبت

خاموش ہوائیں یوں مہک سے پیغام دے گئی
اس شب کے بعد صبح کا انتظام دے گئی

رکھ دیا قرآن کو رحالِ قلب پر
ہر دھڑکن مجھے جنت کا انعام دے گئی

اضطراب تھا دنیا کے امراض میں کبھی
تیری آیت سے شفا ملی جو آرام دے گئی

اک عارض راہ پر غافل تھا نیند میں
تیرے نور نے مجھے میرا مقام دے گئی

علم کے غرور نے مظلوم بنا دیا تھا
تیرے علم نے مجھ کو ہی احترام دے گئی

یہ عفاف سی محبت اب تجھ سے ہو گئی
نظریں جب پڑی تو تحفہ السَّلام دے گئی

عرشیہ کوثر

(عفاف ۔ صاف، پاک)

23 ۔ سیاسی عبادت

صورتِ حال ہم دیکھتے ہیں کہ دنیا کی حکومتیں نفرت کی طرز پر بیٹھی ہوئی ہیں ۔ اکثر حکومتیں خودغرض، مفاد پرست، نمود پرست ہوتی ہیں ۔ اور کچھ ایسی حکومتیں ہیں جو اپنے دین کے انتشار کے لئے دہشت و نفرتی تشدد پر زور آور ہوتے ہیں اور اسی کو وہ اپنا مقصد سمجھتے ہیں ۔ مگر کیا وہ مستحب نہیں ہے ۔ اس بات کے کہ اُن کی اس ظلم و زیادتی و نفرتی انتشار کے سبب اِنکا Eishwar/Allah/God اِن سے سخت ناراض ہوگا ۔ دینِ حق کبھی ظلم کرنے کا حکم نہیں دیتا ۔ ہاں ظلم کو روکنے کا حکم دیتا ہے ۔

آج کے موجودہ حالات میں ہم دیکھتے ہیں کہ عبادت گاہوں پر کئی فرقوں میں اختلافات ہوتے ہیں ۔ یہ سلسلہ تو تاریخ سے چلتے آرہا ہے ۔ زیادہ تر مساجد کو لے کر اعتراض کیا جاتا ہے ۔

تو یہ بات سمجھ نہیں آتی کہ اس گھر سے مخالفت و اعتراض کیوں ہے ۔ جس گھر میں سجود ہوتے ہیں اس اللہ پاک کے آگے جو تمام مخلوقات اور جہانوں کا مالک ہے ۔ جس گھر میں اس ذات کی تعریفیں ہوتی ہیں ۔ جو گھر تمام انسانیت کے لئے کھلا ہوا ہے ۔ جس گھر میں ہر کوئی برابر کا مرتبہ رکھتا ہے ۔ نہ بادشاہ اونچا ہوتا ہے نہ غلام کم تر ہوتا ہے ۔ نہ عالم عروج پر ہے نہ بے علم زوال پر ہر کوئی یکساں مقام رکھتا ہے ۔

خیر اس بات کو سمجھنے کے لئے عقلِ سلیم کا شرف ہونا بھی ضروری ہے۔ کچھ دین پرست ایسے بھی ہیں جنھیں دین کی تعلیمات تو نہیں مگر دین کے نام انسانیت کھو بیٹھتے ہیں۔ وہ دین کبھی حق نہیں ہوسکتا ہے بے شک وہ حق ہی نہیں جس کی تعلیمات اس دین پرست کو ظالم، متنفر، متکبّر، خودغرض بنا دے۔ دینِ حق، فرقوں، رنگوں یا طریقہ تشدد کی طرز پر نہیں بلکہ محبت، یکسانیت، سہل کی طرز پر قائم ہے۔

دینِ حق وہی ہے جس نے تمام انسانیت کو سہل طریقے سے، محبت سے، انفرادی طور پر زندگی گزارنے کا طریقہ بتایا۔ دینِ حق وہی ہے جس نے تمام انسانیت کو واضح طور پر، نشانیوں کے ذریعہ دو دن کی دنیا اور آخرت کی حقیقت بتائی اور دنیا میں آنے کا اصل مقصد بتایا۔ اور یہ وہی دین ہے جس نے انسانیت کی سکونت کو سب سے زیادہ ترجیح دی اور صحیح تعلیمات کی ترغیب دی۔

کیوں سیاست بنا دیا

سجدوں کی جگہ تھی کیوں سیاست بنا دیا
ہے خدا تو سبھی کا کیوں تجارت بنا دیا

وہ دلوں کو دیکھتا ہے تمھارے رنگوں کو نہیں
خود کو ہی تم نے خود سے حقارت بنا دیا

دنیا سے تمہیں وہ بیدار کر رہی ہے
اعلانِ حق کو تم نے اک تہمت بنا دیا

وہ مکتب ہے سلامت کا' سجود کا' محبت کا
عمارت کو تو توڑ کر تم نے اک جہالت بنا دیا

پاک سر زمین پر وضو کے دریا بہہ رہے تھے
کھود کر زمین خود میں ندامت بنا دیا

وہ فیصلوں کا عرش ہے ذرا دیکھ لو کبھی
دنیا کو تم نے اپنی عدالت بنا دیا

عرشیہ کوثر

(ندامت۔ شرمندہ' پچھتاوا   حقارت۔ بے عزت' نفرت)

24 ۔ دارِ قلب

گناہوں کے سمندر میں ایک قطرہ پناہ بن گیا
وہ آنسو ذکرِ خدا کا میرا گواہ بن گیا

انسان کا سب سے خوبصورت عضو اُس کا دل ہوتا ہے۔ جو نظامِ جسم کا مرکز ہوتا ہے۔ وہ دل ہی ہے جو انسان کو ہر عمل پر آمادہ کرتا ہے اور اس دل کا مظاہرہ آنکھوں سے ہوتا ہے۔ خوشی ہو یا غم، اضطراب ہو یا خوف، حیا ہو یا بے حیا، دل کی کیفیت کا عکس آنکھوں میں دکھائی دیتا ہے۔ یہ تو اللہ پاک کی بے مثال تخلیق ہے۔ آنکھیں ایک ایسا آئینہ ہے جس میں انسان کی پہچان نظر آتی ہے۔

جب قاصر ہو جاتی ہے تو حیا بن جاتی ہے۔ جب اُٹھ جاتی ہے تو ادا بن جاتی ہے۔ آتشِ غم کو سمندر سے بجھا دیتی ہے۔ کبھی فریاد کو دریا سے بہا دیتی ہے۔ کبھی خوابوں کے منظر دکھا دیتی ہے۔ کبھی حقیقت کو دکھا دیتی ہے۔

بڑی ہی شفاف، عکس نما، دقیق پردوں سے باحیا موتی کی مانند جھلک رہی یہ آنکھیں نہ جانے کتنی حسین ہیں۔ ان پاک آنکھوں سے ہم دنیا کی بے حیائی تو دیکھ لیتے ہیں مگر انہی آنکھوں پر کبھی غور و تحقیق نہیں کرتے جن کو اللہ نے سب سے بڑی نعمت بنا دیا۔

خوبصورت آنکھیں

دقیق ہیں شفاف ہیں کیا پردے حسین بنایا
تو دل کا دار ہے کیا اعلیٰ مکیں بنایا

قاصر ہے مسلسل کیا پلکیں ہیں محافظ
انہیں اداؤں نے تجھے سب سے حسین بنایا

کبھی مدحت کی نہر ہے کبھی غموں کا سمندر
آئینہ احساس کا کیا نازک ترین بنایا

خوابوں سے لپیٹ کر نیندوں سے اٹھا رہی
کتابِ دل کی حقیقت کا تجھ کو میں بنایا

سفید عرش پر سیاہ تاروں کی طرح
نمکین سی برسات ہے کتنا شیریں بنایا

رہ کر خاموش بھی بیان کر رہی ہے
ہر ادا میں جس کے کئی تلقین بنایا

عرشیہ کوثر

(مکیں ۔ مقام   مدحت ۔ تعریف   مبین ۔ بیان کرنے والی   تلقین ۔ تعلیم، نصیحت)

25 . زمانہ سازی

اللہ پاک نے اپنے بندے کو تنہا نہیں اتارا بلکہ محبت کے جوڑے میں اس سرِ زمین پر بھیجا ہے۔ اتنا ہی نہیں قرابت داروں کے ساتھ حسنِ سلوک کا حکم بھی دیا ہے۔ وہ محبت کرنے والی ذات ہے جس نے تمام مخلوقات کو محبت کے جوڑے میں بنایا۔ چاہے نباتات ہوں چاہے چوپائے ہوں چاہے چرند پرند ہوں یا سمندر کی مخلوقات۔

قرآنِ پاک میں اللہ تعالیٰ کا ارشاد ہے۔

”وہ پاک ذات ہے جس نے ہر چیز کے جوڑے پیدا کیے خواہ وہ زمین کی اُگائی ہوئی چیزیں ہوں، خواہ خود ان کے نفوس ہوں، خواہ وہ ہوں جنہیں یہ جانتے بھی نہیں“۔ (سورۃ ۳۶ آیت ۳۶)

خاوند اور بیوی کا رشتہ تو سب سے اعلیٰ ہے مگر ماں باپ کا، اولاد کا، بھائی بہن کا، تمام رشتے داروں کا، دوست و احباب کا یہاں تک کہ تمام انسانیت سے بھی ایک رشتہ بنایا گیا ہے جو محبت و رحم دلی کا ہے۔

مگر آج کئی رشتے ریا کاری کا شکار ہوتے جا رہے ہیں۔ مطلب پرست کے دست سے ملاقاتیں ہوتی ہیں۔ مفاد پرستی کے نشوں میں قربت داروں سے دوری اختیار کر لی جاتی ہے، اپنوں کی وراثت میں کئی اپنے چھوٹ

جاتے ہیں، اپنوں کی خوشی میں غم محسوس کرتے ہیں اور غیروں کی خوشی میں خوشی جتاتے ہیں۔ مکر و فریب تو آج زمانے کا معمول بن گیا ہے۔ جس کے مرض میں انسان اس قدر معذور و بے حِس ہو گیا ہے کہ اسے احساس تک نہیں۔

کچھ ایسے بھی برے معمول ہیں جو مفاد تو نہیں مگر اُن کے دلوں کو خوش کر دیتے ہیں اور وہ معمول غیبت، چغلی اور حسد ہے جو بہت بڑا گناہ ہے۔ بہت افسوس کی بات ہے کہ کئی رشتے ایسے ہیں جو کم قیمت میں بک جاتے ہیں۔ دو دن کی اس دنیا میں نہ جانے کیوں مسافر بار بار گررہا ہے۔ کہتے ہیں اختلاف کا حل ڈھونڈا جا سکتا ہے مگر حسد و بغض کا نہیں۔

زمانہ سازی

محبت کو زبان پر مزاجی بنا دیا
تحفہ خدا کو تم نے مجازی بنا دیا

زہر کی قتر سے کتنے قلم چلا دیئے
متنفر کتاب کو قاضی بنا دیا

آنکھوں میں ہوس، بغض ہے دلوں میں
دولت کے سامنے خود کو عاجزی بنا دیا

ہاتھ ملا رہے ہیں دو رنگ کی محفلوں میں
قربت کو فقط تم نے عارضی بنا دیا

قیاسی مسکراہٹ لبوں پر سج رہی
زبانوں کو تم نے بس فرضی بنا دیا

فانی ہو گئے وہ اپنے ہی غرور میں
زمانے کو جس نے اپنی مرضی بنا دیا

عرشیہ کوثر

26 ۔ فریبیؔ تجارت

یوں تو زمانہ حال نے اپنی تہذیب کو ہی اپنی تجارت بنادیا۔ علم کو ہاتھوں میں رکھا ہوا ہے مگر جہالت کے پردے آنکھوں پر دلوں پر پڑے ہوئے ہیں جس کے سبب انسان بے معنیٰ، بے مطلب، فضول، ناحق، اندھی تقلید پر آمادہ ہوجاتا ہے۔ تخت کے سرتاج تو تکبّر ولالچ عیش و آرام میں خود کی پہچان ہی بھول جاتے ہیں کہ وہ مٹی کے مجسمے ہیں اور کچھ ایسی ظالم حکومتیں ہیں جو دولت و شہرت اور ملکیت کی زمین کے استحصال کیلئے ناحق دین کے تخت پر نفرت کی تلوار چلاتے ہیں۔

حق بات تو یہ ہے کہ اللہ کے حکم کے سوا کچھ نہیں ہوتا۔ تاریخ میں بھی کئی ظالم حکمراں آئے اور عذاب میں مٹ گئے۔ کوئی عبرت کے نشان بنا دیئے گئے جو قیامت تک موجود ہیں۔ اس زمین پر نہ کسی کا تکبّر رہا نہ کسی کی بادشاہت رہی۔ کئی طاقت ور قبیلے آئے اور چلے گئے۔

صورتِ حال تو اس قدر بگڑتی جا رہی ہے کہ کئی لوگ اپنے مذہب کی طرز پر تجارتیں کر رہے ہیں۔ اور اس تجارت کی وجہ سے کسی محتاج، غریب، حاجت مند، ضرورت مند، کو مدد تو نہیں ملتی ہاں مگر پتھر کو قیمتی چادریں ضرور مل جاتی ہیں۔ کبھی دودھ کی نہریں تو کبھی شراب کے دریا مل جاتے ہیں۔

کیا یہ غلط نہیں ہے؟

فریبی تجارت

تخت زمین پر یہ کسی حکومت کا تاج ہے
فیصلے ہوتے ہیں عرش پر یہ زمین خود محتاج ہے

پتھر کی لیکر ہے کہ پہاڑ بھی خاک ہے
بے جان پر جھکتے ہوئے یہ کیسے رواج ہے

ہر نظر میں ریا کیا خوب یہ ادا ہے
رنگین سے چہرے یہاں کتنے خوش مزاج ہے

مقتول کے لہو سے قاتل لکھ رہے ہیں
بازار میں بکتے ہوئے یہ سکّوں کے سرتاج ہے

یہ دائمی مرض میں بے چین پڑے ہوئے ہیں
دنیا میں نہیں ان کا حشر میں علاج ہے

اپنے جرم کی کتاب کو وہ خاموش کر رہے
مگر چلتی ہوئی قلم بھی یہاں احتجاج ہے

عرشیہ کوثر

(محتاج ـ حاجت مند   احتجاج ـ حجت کرنا   حشر ـ بدلہ)

27 ۔ صبر کی فتح

یہ تو ہر زمانے کا رواج ہے کہ جہاں ہر کوئی مقابلوں کی راہ پر سفر کر رہا ہے۔ کامیاب ہونا آج ہر کسی کا مقصد بن گیا ہے۔ کوئی عزت کا قاصد ہے، کوئی دولت کا قاصد ہے، کوئی حکومت کا قاصد ہے، کوئی علم کا قاصد ہے، کوئی نفرت کا قاصد ہے تو کوئی محبت کا قاصد ہے۔ اس میدانِ جنگ میں ہر کوئی باہمی تعارض میں قائم ہے۔ یہاں کامیاب وہی ہے جو خاک میں مل کر پھول بن جاتا ہے۔ اور اپنی مہک سے ہر طرف خوشنود کا انتشار کرتا ہے۔

اگر نظر ڈالیں گے تو ایک پروان کی مخلوق بھی اپنا گھونسلہ بار بار بنانے کے لئے زمین پر جھک جاتی ہے۔ یہ پھل دار درخت جو قبل خاک میں مل کر ایک سایہ دار شجر بنا، چاہے یہ جتنا بھی بڑا ہو اُس کی پہچان ہی اُس کی عاجزی ہے۔ کیونکہ تمام نباتات اللہ پاک کو سجدہ کرتے ہیں۔ اس سے یہ بات واضح ہوتی ہے کہ کامیابی محنت کے ساتھ ذکرِ خدا کا سبب بھی ہے۔ بلند مرتبہ اُن ہی کا ہوتا ہے جو سر جھکا کر چلتے ہیں۔ عزت کا مقام بھی اُن ہی کو ملتا ہے جو دوسروں کو عزت دیتے ہیں۔ منزل اُن ہی کو ملتی ہے جو صبر کی راہوں پر سفر کرتے ہیں۔

زندگی کا احساس اسی کو ہوتا ہے جس نے زندگی کے امتحان کو سمجھا ہو۔ اُس کی آزمائش پر صبر کے ساتھ قائم رہا ہو۔ وہی اپنے منزل کا مسافر ہے۔ یوں تو دنیا سوائے بھیڑ کے کچھ نہیں۔ یہاں ہر قدم پر ہزاروں معاقب رہیں گے۔ اس

دنیا کا اس زمانہ کا اپنا ایک دستور ہے جو عام طور پر دکھائی دیتا ہے۔ یہ ہے کہ لوگ اس شخص میں خامی ڈھونڈتے ہیں جو اچھائی کے راستے پر مقادم ہو۔ لوگ اس کو روکتے ہیں جو کامیابی کے راستے پر بڑھتا ہے۔ جب کوئی اچھا انسان بُرا کام کر جاتا ہے تو ہواؤں کی طرح غیبتیں ہوتی ہیں۔

جب کوئی کافر ایمان لاتا ہے تو اُس کی عزت ہوتی ہے۔ اُس کو بلند مقام عطا کیا جاتا ہے۔ مگر جب کوئی خطا کار و گنہگار اپنے گناہوں سے توبہ کر کے صحیح راستہ اختیار کرتا ہے تو اُسے اُس کے ماضی پر ہی طعنے و طنز مارے جاتے ہیں۔ عام طور پر سماج میں یہ بہت دیکھنے و سننے ملتا ہے کہ لوگ باہمی گفتگو پر بنا تحقیق یقین کر جاتے ہیں، کسی پر تہمتیں لگاتے ہیں، کسی کو طعنہ مارتے ہیں۔ مگر ہم کون ہوتے ہیں کسی پر تنقید کرنے والے۔ وہ اللہ تعالیٰ جو دلوں کا حال جانتا ہے۔ وہ ذات ہے جو اپنے بندوں کی ایک توبہ پر راضی ہو جاتا ہے۔ وہ رحمن جو اپنے بندے کی ایک پکار پر حاضر ہو جاتا ہے اور گناہوں کے سمندر کو بھی معاف کر دیتا ہے۔ وہ ہے فیصلہ کرنے والا۔ وہ ہے علم والا۔ وہ ہے معاف کرنے والا۔ وہ ہے سزا و جزا دینے والا۔ ہم کون؟ ہم میں قوت کیا ہے؟ ہمارا حق کیا ہے؟

جب تک ہم کسی کی صحبت میں نہیں رہتے تب تک ہم اُس کو جان نہیں سکتے۔ مثال کے طور پر درخت پر لگا ہوا ایک پھل جس کو ہم کہہ نہیں سکتے کہ یہ بدمزہ ہے یا لذیذ ہے، جب تک ہم اُس کو چکھ نہیں لیتے۔ پھر ہم کیوں صرف دیکھ کر یا سُن کر یا بنا دیکھے ہی زمانے کی سنوائی پر اعتماد و یقین کر کے کسی پر آزادانہ طور پر عیب

لگادیتے ہیں۔

بہرحال ہم کسی بُرے شخص کو بھی بُرا نہیں کہہ سکتے۔ جب تک ہم اُسے حال میں نہ جان لے۔ کیا پتہ جب اُس کی غیبتیں ہو رہی ہو اور اُس وقت وہ توبہ کر رہا ہو۔ اگر برائی سے نفرت ہے تو برائی کو روکنا چاہیے نہ کہ اس پر محفلیں جمانا چاہیے۔ برائی کی مخالفت کرنا چاہیے' اُس کو پھیلنے سے روکنا چاہیے نہ کہ اُس کا تماشہ بنانا چاہیے۔

حقیقت میں کامیاب وہی ہوتا ہے جو زمانے کی اذیتوں سے گزر رہا ہو۔ دنیا کی اذیت پر کیا ہوا نیک عمل گناہوں کے زخموں پر مرہم بن جاتا ہے۔ اللہ تعالیٰ کو وہ بندہ بہت محبوب ہے جو صرف اللہ کی رضا کے لئے دنیا کی تکلیفوں پر صبر کرتا ہے۔ دنیا جیتنے کے لئے دنیا سے ہی لڑنا پڑتا ہے اور آخرت جیتنے کے لئے شیطان سے۔ اللہ کا قرب حاصل کرنے کے لئے خود سے (نفس سے) لڑنا پڑتا ہے۔

جب بھی قدم بڑھاؤ بس اللہ کی رضا کے لئے بڑھاؤ۔ کیونکہ آخرت تمہاری منزل ہے' دنیا نہیں۔ جب دل ٹوٹ جائے تو صبر کرلیا کرو۔ کیونکہ صبر تمہیں اس ذات سے جوڑ دے گا جو تمہیں کبھی ٹوٹنے نہیں دے گا۔

آغاز کر تبھی جب امید ہو انجام کی
مناقب ان راستوں پر معاقب بہت ہیں

(معاقب ۔ پیچھا کرنے والا)

وہی کامران ہوتا ہے

منزل کے سفر میں یوں امتحان ہوتا ہے
بیج کے تحلّل میں پھل ہی قربان ہوتا ہے

پتھر بھی پھوٹ جاتے ہیں آبشار کے لئے
حوصلے جہاں ہوں وہیں امان ہوتا ہے

روشن کے لئے پتے بھی سوکھ جاتے ہیں
صبر ہو جہاں وہیں اصل زمان ہوتا ہے

کیوں اضطراب و خوف ہے قافلوں کے شور سے
سمندر کی تہوں میں بھی آتش فشاں ہوتا ہے

زمین کی خاطر عرش برس جاتے ہیں
تحمّل کے تخت پر ہی حکمران ہوتا ہے

وقت کی گھیر میں غور کر ذرا
خاموش حال میں ہی سب بیان ہوتا ہے

عرشیہ کوثر

(زمان۔وقت   اضطراب۔۔بے چین   تحصّل۔حاصل کرنا)

28 ۔ گمراہ مسافر

دنیا میں ایسی حکومتیں ہیں جو مذہبی تشدد کے مقابلوں میں اپنی انسانیت کو ہی پیچھے چھوڑ رہی ہے ۔ ایسی کئی حکومتیں جو متنفر ہیں مسلمانوں پر اور ان پر ظلم و زیادتی کر کے خود کو فتح یاب سمجھتی ہیں ۔ یہ مسلمانوں کو قید کر کے نہ جانے کونسی انسانیت و فوقیت کا تاج پہننا چاہتے ہیں ۔ یہ دینِ حق میں جھوٹے عیب نکال کر نہ جانے کونسا مقدمہ فتح کر رہے ہیں ۔ مسلمانوں پر نفرت کا مظاہرہ کر کے نہ جانے کونسی محبت کا پیغام دے رہے ہیں ۔ دراصل یہ خود ہی سرکشی کے جال میں پھنسے ہوئے ہیں ۔

قرآنِ پاک میں ارشاد ہے ۔

اللّٰهُ يَسْتَهْزِئُ بِهِمْ وَيَمُدُّهُمْ فِیْ طُغْيَانِهِمْ يَعْمَهُوْنَ ۔

ترجمہ: اللہ تعالیٰ بھی ان سے مذاق کرتا ہے اور انہیں ان کی سرکش اور بہکاوے میں اور بڑھا دیتا ہے ۔ (سورۃ ۲ آیت ۱۵)

صرف قبل ہی نہیں حال میں بھی اللہ تعالیٰ اس بات کو واضح کرتا ہے ۔ ۲۰۲۰ء میں پل بھر میں پوری دنیا میں ایک ایسا خاموش ماحول بن گیا ۔ ایک وباء کی زنجیروں نے سارے عالم کو قید کر دیا ۔ حتیٰ کہ تخت و تاج کے بادشاہ بھی خوف میں تنہا گھروں میں پڑے رہ گئے ۔ ایک ایسی نامعلوم وباء کی ہوائیں پھیل گئی جس

نے رشتوں کے پھول کی پتیاں بکھیر دی جو پھول ابھی کھلے ہی نہ تھے۔

اس کی تفہیم یہ ہے کہ رشتوں میں مطلب پرستی اور فاصلوں میں اضافت ہو رہی تھی۔ اللہ تعالیٰ نے اُن کے ہی گمان پر انہیں علحیدہ کر دیا۔

اس وباء نے پوری دنیا پر قفل لگا دیا۔ جس کی کنجی صرف اللہ تعالیٰ کے ہاتھ میں ہے۔ بڑے بڑے دانش ور، محققین اس وباء کی دوا تحقیق کر رہے تھے۔ کچھ عارضی دواؤں پر تجارتیں ہوئی جس کے بعد بھی اموات میں مزید اضافہ ہوا۔ کچھ ٹیکوں کے ذریعہ تحفظ کا نظام چلایا گیا اس کے باوجود بھی کئی لوگ وباء میں مبتلا ہو گئے۔

اس بات پر توجہ دیں کہ وہ شافی یہ بتا رہا ہے کہ شفا بھی وہی دینے والا ہے۔

کوئی آواز اٹھا رہا ہے کوئی ہتھیار اٹھا رہا ہے
کوئی ہاتھ اٹھا دے اس کے لئے جو دنیا چلا رہا ہے

****

گمراہ مسافر

پروانِ غرور قید کرنے چلے شہر میں
قید تو دنیا ہوگئی اب خدا کی نظر میں

مٹی کے مجسمے مٹی میں مل جائیں گے
مچلتے طوفان ہیں تھم جائیں گے اک لہر میں

دل مچل رہے ہے سازشوں کے کھیل میں
کئی نفوس مٹ گئے اس خدا کے قہر میں

لہو کی برسات سے کتنا قحط پڑا دیا
یہ خزاں کا موسم بھی بدل جائے گا ایک پہر میں

خاموش سازشوں نے کتنی دہشت مچا دیا
جھکے گا زمانہ قریب ایک ہی جہر میں

چاند پر پہنچ کر خود کو ستارے سمجھ رہے
زمین منتظر ہے یہاں عرش کی قطر میں

عرشیہ کوثر

(پروان۔اڑان   قہر۔سخت غصہ   جہر۔ایک بلند آواز   قطر۔بارش کی بوند)

29 ۔　حق کی آواز

آج زمانے کا یہ دستور ہے کہ خود کی خطاؤں پر وکیل بن جاتے ہیں اور دوسروں کی خطاؤں پر مستحکم بن جاتے ہیں ۔ یوں لگتا ہے جیسے عدالت کا میزان انسان کے ہاتھ میں ہے ۔

دستور ممالک تو ایسے ہو گئے ہیں یا حکومت و عدالت ہی ایسی ہو گئی ہے کہ سزا بھی اسی مجرم کو ملتی ہے جس کی سزا پر اُن کا مفاد ہو اور رہا پر اُن کا نقصان ہو ۔ اور کبھی تو خود غرضی، مفاد پرستی میں بے قصوروں کو سزا دی جاتی ہے جسے ہم ظلم کہتے ہیں ۔

یہ سمجھ نہیں آتا کہ کیا دستور صرف عام عوام کے لئے ہے ۔ حکومت و خاص بلند افراد کے لئے نہیں جو حکومت کے تلوے چاٹتے ہیں ۔ اگر جرم ان ریا کار تابعداروں سے ہو جائے تو وہ جرم دستور کے دائرے کے باہر درج کیا جاتا ہے یا اس جرم کو ہی غائب کر دیا جاتا ہے ۔ اتنا ہی نہیں اگر کوئی ناانصافی کے خلاف آواز اٹھائے تو اس پر ناحق الزام لگا دیا جاتا ہے ۔

اپنی رعایا پر دہشت، ظلم اور نفرتوں کے جال بچھا کر انھیں باہمی اختلاف میں اُلجھا کر کچھ حکومتیں بڑے پیمانے پر سازشیں و تجارتیں کر رہی ہیں تا کہ عوام کو

آپس میں الجھا کر ان پر غالب آسکیں اور عوام کو حقیقت سے محروم رکھے۔

آج قوم اگر مظلوم ہے تو اس کا سبب خود قوم ہے۔ کیونکہ ظلم پر خاموش رہنا بھی گناہ ہے۔ کچھ ایسے بھی بے احساس لوگ ہیں جنھیں اپنی ہی زندگی و سکونت کی فکر ہے۔ انھیں اطراف کے ماحول سے کوئی فرق نہیں پڑتا۔ چاہے اُن کی نظروں کے سامنے کتنے ہی مظلوم ناحق قتل ہو جائیں۔ یہی وجہ ہے کہ ایسی قوموں پر ہی ظالم حکومت عذاب کے طور پر غالب ہو گئی۔ جو دو دن کے تخت پر ہی قابض رہے گی۔

زمین پوچھ رہی ہے تو خاک ہے یا پتھر ہے
سینے میں کیوں آتش فشاں کا منظر ہے

شہیدوں کے لہو سے کھیتی کر نہیں سکتے
تیرے سازش کے گڑھے میں تیری ہی قبر ہے

آج موجودہ دور میں وزیر ہیں یا فقیر ہیں سمجھ نہیں آتا جن کا کوئی ضمیر ہی نہیں۔ نہ کوئی مقام ہے نہ ہی جن کی کوئی عوام ہے۔

شہیدوں کو انصاف کہاں اب تو وزیر مر چکا ہے
دولت کی نوک پر جن کا ضمیر مر چکا ہے

حق کی آواز

مجرم ہو اگر بادشاہ اس پر کاروائی چاہیے
عدالتوں میں انصاف کی شہنائی چاہیے

صبر کی قوت نہیں اب قصاص ہی عدل ہے
ہر ظلم و فساد سے اب ملک کی صفائی چاہیے

نفرت کی وبا میں کتنے شکار ہو رہے ہیں
جو مرض مٹا دے قلوب کے وہ دوائی چاہیے

ہر نظر سازشوں کی مکاتب بنی ہوئی ہے
جو مکتوب کو دیکھ لے وہ بینائی چاہیے

چہرہ بدل کر وہ زمانہ بدلنے چلے
دو رنگ اس مصّور کی شناسائی چاہیے

دولت کی چمک، کبھی نفرت کی آگ ہے
پر زمانے کو آج حق کی روشنائی چاہیے

عرشیہ کوثر

(شناسائی۔ پہچان   بینائی۔ نظر   قصاص۔ بدلہ   مصّور۔ تصویر بنانے والا)

30 ۔ معیارِ قربت

دنیا میں سب سے اوّل رشتہ خاوند اور بیوی کا بنایا گیا جو آدم علیہ سلام اور حوا علیہ سلام کا پاک رشتہ ہے۔ اس رشتے کو اللہ تعالیٰ نے سب سے اعلیٰ درجہ دیا ہے۔ انسان دنیا کے ہر رشتے سے عزل زندگی خوش حال گزارے گا مگر اس خاص رشتے سے انسان عزل ہو کر کبھی خوش حال نہیں رہ سکتا۔

مگر افسوس زدہ حال تو یہ ہو گیا ہے کہ آج انسان اس رشتہ میں سکونت و راحت سے محروم ہوتے جا رہا ہے۔ کیونکہ اسی رشتے کو آج دولت کی میزان پر تولا جاتا ہے، کہیں خرید و فروخت ہوتی ہے، کہیں سودا گری ہوتی ہے۔ محبت کی ڈور کو آج ہوس کی ڈور بنا دیا۔ یقین، اعتبار، اصلاح کو مٹا کر شک و شبہ کی طرز پر رشتے نبھائے جا رہے ہیں۔ یہ رشتہ آج فقط عارضی بن گیا ہے۔

بحر حال دنیا کا سب سے بہترین نکاح وہ ہے جو دلوں کی قلم سے لکھا گیا ہو، جنھیں حسن اخلاق کے لباس سے زینت دی گئی ہو، جنھیں دعاؤں کے اعزاز سے نوازا گیا ہو، جو رشتہ قلبی و روحانی ہو، جو صرف دنیا میں نہیں بلکہ آخرت و جنت میں ساتھ رہنے کا طلبگار ہو۔ جو صبر و شعور سے اپنے فرائض پر پختہ قائم ہو۔ جو ہر حال میں ایک دوسرے کی صلح کو فوقیت دیتے ہوں۔ جو ایک دوسرے کی خطاؤں کو درگزر کر کے عافیت اور محبت کا معاملہ رکھتے ہوں۔

سب سے اہم ہے کہ رویہ اور لہجہ نرم بنائیں کیونکہ رویہ اور لہجہ یہ وہ ہتھیار ہیں جب تیز ہوں گے تو رشتوں کی ڈور کٹ جائے گی۔ یہ ڈور صرف حسن سلوک اور رحم دلی و محبت کے موتیوں سے جڑی ہوئی ہوتی ہے۔ بجائے اس کے یہ وہ کتاب محبت ہے جو خاموشی کی زبان سے لکھی جاتی ہے کیونکہ ''خاموشی وہ زبان ہے جو صبر و تحمل کی قلم سے لکھی جاتی ہے''۔

سب سے اہم یہ ہے کہ یہ رشتہ حیا کے پردوں میں محفوظ ہے کیونکہ سب سے خوبصورت زیور حیا ہے جو صرف خوبصورت دل کی تجوری میں ملتا ہے۔

وہ تسکین چاہیے

حسنِ ظاہری نہیں رشتوں میں یقین چاہیے
کانٹوں پر بھی ساتھ ہو وہ تسکین چاہیے

دنیا کے میدان میں ہم لا پتہ ہو گئے
قبریں بھی ساتھ ہو وہ سرزمین چاہیے

دنیا کو بھول کر جو ہاتھ اٹھا دے اپنے
ہو محشر کے صفوف میں وہ ہم نشین چاہیے

نرم دل کی تخت پر سادگی کا راج ہو
خلوص کا لباس ہو وہ حسین چاہیے

زبان پر جس کے نام ہو خدا کا
وہ نقش ہو جہاں وہ جبین چاہیے

معیار کے عروج پر پاکیزگی کا نام ہو
نور جس کا قائم ہو وہ زرین چاہیے

عرشیہ کوثر

31 ۔   دردکی صدا

عجیب طرح کی حقیقت ہے کہ انسان بھی دوطرح کے ہیں۔ایک وہ جو عارضی طور پر زندہ ہیں مگر اُن کے احساسات مر چکے ہیں۔اور دوسرے وہ جن کے احساسات ہی بار بار انھیں مار دیتے ہیں۔ یہاں پر پتھر و بز دلوں کی اور ٹوٹے ہوئے دلوں کی وضاحت کی جارہی ہے۔ دل پتھر تبھی بنتا ہے جب طنز و طعنہ، غیبت و چغلی، حسد و کینہ کا آتش فشاں پھوٹ پڑے۔اُن کے لئے نہ کوئی اپنا ہوتا ہے نہ کوئی پرایا۔ یہ صرف اسی کے ہوتے ہیں جو انھیں ترجیح دیتے ہیں۔

مگر یہ دو دن کا تکبّر بھی بہت جلد مٹ جاتا ہے۔ کیونکہ اللہ تعالیٰ نے بڑے سے بڑے ظالم بادشاہوں کو، طاقت و رقبیلوں کو تکبّر اور نافرمانی کے سبب ان پر عذاب نازل کر دیا۔

کہا گیا ہے کہ حقوق اللہ کے ساتھ حقوق العباد کا ادا کرنا انتہائی ضروری ہے اور اسے فرضیت دی گئی ہے۔جس میں قرابت دار، والدین، دوست احباب، محتاج و مسکین اور تمام بندوں کے حقوق شامل ہیں۔جس میں ہر کسی کے ساتھ سب سے پہلے حُسنِ سلوک کا حکم دیا گیا ہے۔

قرآنِ پاک میں ارشاد ہے۔

ترجمہ: ''اور خدا ہی کی عبادت کرو اور اُس کے ساتھ کسی چیز کو شریک نہ بناؤ اور ماں باپ اور قرابت داروں اور یتیموں اور محتاجوں اور رشتہ داروں اور اجنبی ہمسائیوں اور پاس بیٹھنے والوں اور مسافروں اور جو لوگ تمہارے قبضے میں ہوں سب کے ساتھ حُسنِ سلوک سے پیش آؤ۔ کیونکہ اللہ تکبّر کرنے والوں' بڑائی کرنے والوں کو دوست نہیں رکھتا۔''   (سورة ۴ آیت ۳۶)

اگر اللہ کو راضی کرنا چاہتے ہو تو اُس کے بندوں کو دولت سے نہیں عزّت و محبت صدقے میں دیا کرو اور جو محتاج و ضرورت مند ہوں کسی چیز یا مال و رزق کے تو انہیں اسی کے ذریعے مدد کرو یہی حُسنِ سلوک ہے۔ اگر ہم میں استطاعت نہیں ہے کہ معاشی طور پر مدد کر سکو تو دو لفظ میٹھے بول کر انہیں عزت دیں۔ کیونکہ مال سے زیادہ ہمدردی ہی زندگی میں سب سے بڑا سہارا بن جاتی ہے۔ دو سکّے تو پیٹ بھر دیتے ہیں مگر نرم دو الفاظ دل بھر دیتے ہیں۔

حدیثِ مبارکہ بھی ہے۔ ہمارے پیارے نبیؐ نے فرمائے۔
''دین کا سب سے مضبوط عمل محبت ہے''۔

اگر ہم نے کسی کا دل توڑ دیا اور اس نے صبر کر لیا تو ہمارے لئے پھر بہتر نہیں کیونکہ اللہ تعالیٰ ٹوٹے ہوئے دلوں میں بستا ہے۔ جب پتہ سوکھ جاتا ہے تو پھر کبھی سرسبز نہیں ہوتا۔ اسی طرح کسی کا دل و کسی کی نیک امیدیں اگر ہم توڑ دیں تو ہمارے لاکھ معافی کے بعد بھی وہ ہم پر مکمل اعتبار و مطمئن نہیں ہوتا ہے۔ اس لئے سب سے اہم ہے کہ ہم اپنی زبان پر قابو پائیں۔ زبان جب ہتھیار بنتی ہے تو دلوں کو چیر دیتی ہے۔ جب میٹھی آبشار بنتی ہے تو دلوں کو جوڑ دیتی ہے۔

کسی کے دل پر کبھی کنکر نہ مارو وہ پتھر کو چشموں میں بدلنے کی طاقت رکھتی ہے۔

دردکی صدا

ٹوٹے ہوئے دلوں میں کبھی نبز نہیں ہوتے
اپنوں کی زبانوں پر کبھی طنز نہیں ہوتے

کسی مقرّب پر کبھی تہمت نہ لگا
سوکھے ہوئے پتے پھر سرسبز نہیں ہوتے

شکوے نہ کرو جب دلوں میں انفاق ہو
رشتوں کے درمیان کبھی عجز نہیں ہوتے

دل کی دہلیز پر کیوں احسان رکھ رہے ہو
بے لوث دھڑکنوں میں کبھی درز نہیں ہوتے

چھوڑ کر مکان کو بھٹک رہے ہیں در بدر
بکھرے ہوئے راستوں کے کبھی مرکز نہیں ہوتے

تلخیوں کے سوال سے جواب روٹھ گئے ہیں
جب خاموش ہوں زبان تب رجز نہیں ہوتے

لہروں کی کشمکش میں کوئی کنارہ نہیں ملتا
طوفان سے بچنے کے یہاں طرز نہیں ہوتے

عرشیہ کوثر

(نبز ۔ بداخلاق   عجز ۔ خامی وکمزور   درز ۔ شگاف، دراڑ)

32 ۔ قوتِ ایمان

کہتے ہیں کہ تقدیر مکتوب و مقدر ہے۔ مگر یہ بھی سچ ہے کہ دُعا کی قلم سے کئی تقدیریں بدل جاتی ہے یا تقدیر میں ہی دُعا سے تبدیلی لکھی گئی ہو۔ اللہ تعالٰی تو کہتے ہیں کہ بندہ جیسا گمان کرتا ہے میں اُس کے ساتھ ویسا ہی معاملہ کرتا ہوں ۔

قرآنِ پاک میں ارشاد ہے ۔

ذَلِكَ بِمَا قَدَّمَتْ أَيْدِيكُمْ وَأَنَّ اللّٰهَ لَيْسَ بِظَلَّامٍ لِّلْعَبِيدِ ۔

ترجمہ: یہ ہے بدلہ اس کا جو تمہارے ہاتھوں نے آگے بھیجا اور اللہ بندوں پر ظلم نہیں کرتا۔   (سورۃ ۸ آیت ۵۱)

کبھی حالات ایسے بھی واقع ہوتے ہیں کہ بندہ اپنی نیک نیتی اور دُعاؤں کے باوجود بھی صبر کے امتحان میں مائل ہو جاتا ہے۔ دراصل اللہ تعالٰی اپنے بندوں کے ساتھ بہتر معاملہ کرتا ہے جو ان کے حق میں بہتر ہو۔ جو بندے نہیں جانتے صرف اللہ تعالٰی جانتے ہیں ۔ وہ ایسی تدابیر بناتا ہے جس کا ہم تصور تک نہیں کر سکتے ۔

وہی تو ہے جس نے یوسف علیہ سلام کو کنویں سے نکال کر مصر میں پہنچا دیا۔ پھر زندان سے نکال کر مصر کا بادشاہ بنا دیا۔ وہی تو ہے جس نے آگ

کو پھولوں کا چمن بنا کر ابراہیم علیہ سلام کو پناہ دی۔ وہی تو ہے جس نے یونس علیہ سلام کو مچھلی کے پیٹ میں محفوظ رکھا پھر ساحل پر پہنچا کر انھیں رزق عطا کیا۔ وہی تو ہے جس نے محمد صلی اللہ علیہ وسلم کو مکڑی کے جال سے پناہ دی۔

اس واضح تاریخ کو بتانے کا مقصد یہ ہے کہ اللہ تعالیٰ ہر چیز پر قادرِ مطلق ہے۔ وہی جانتا ہے جس کا ہمیں گمان تک نہیں ہوتا۔

قرآنِ پاک میں اللہ تعالیٰ فرماتے ہیں۔

(ترجمہ): ''ممکن ہے کہ تم کسی چیز کو بری جانو اور دراصل وہی تمھارے لئے بھلی ہو اور یہ بھی ممکن ہے کہ تم کسی چیز کو اچھی سمجھو' حالانکہ وہ تمہارے لئے بری ہو اور حقیقی علم اللہ جانتا ہے تم نہیں جانتے''۔   (سورۃ ۲ آیت ۲۱۶)

اس بات کی طرف ملاحظہ فرمائیے کہ ''علم حاصل کرو خود کے لئے تا کہ عمل کر سکو اُس کے (خدا) لئے۔ جب ہر قدم اللہ کی رضا کیلئے بڑھے تب منزلیں قدموں میں ہو جاتی ہیں۔

مقدر بدل جاتا ہے

وقت ٹھہرتا نہیں مقدر بدل جاتا ہے
اک ہی دعا میں ہر منظر بدل جاتا ہے

اے دشمن تیرے دہشت میں کوئی قوت نہیں
تاریک میں انجمن سے ہر ڈر بدل جاتا ہے

نفرت کے بیج سے کب تک کرو گے کھیتی
بدلتے ہوئے موسم میں ہر شجر بدل جاتا ہے

پردوں کی آڑ میں کتنے ساحر چھپے ہوئے ہیں
کبھی تصدیق کی عصا سے ہر سحر بدل جاتا ہے

فرش کے اندھیروں میں کیا آتش فشاں ہے تیرا
عرش کی کرنوں سے یہاں ہر کہر بدل جاتا ہے

یہ گھیرے ہوئے سانپ میرے موت کی آہٹ نہیں
گر نام ہو خدا کو تو ہر زہر بدل جاتا ہے

عرشیہ کوثر

(ساحر ۔ جادوگر   سحر ۔ جادو   تصدیق ۔ سچائی   انجمن ۔ ستارے)

33 .   راہِ حق کا مسافر

حق پر وہی قائم ہے جس نے جھوٹ کو اپنے پیروں تلے کچل دیا ہو۔ جسے کسی چیز، کسی ہتھیار یا کسی حکومت سے بھی خوف نہ ہو۔ جو صرف اللہ تعالیٰ سے ڈرتا ہے۔ سچائی تو یہ ہے کہ کامران و فتح یاب وہی ہے جس نے اذیت و مصیبتوں میں بھی سچائی کی اتباع کی اور جھوٹ و ظلم کی مخالفت کی۔ کیونکہ سچائی وہ ہتھیار ہے جو بڑے سے بڑے باطل تختوں کو پلٹ دیتی ہے۔ سچائی وہ قلم ہے جو کئی جھوٹی کتابوں کو پھیر دیتی ہے۔ سچائی انسان کو ایک ایسے حوصلے کی بنیاد پر کھڑا کرتی ہے جس کے آگے سے بڑے سے بڑے ظالم حکمراں و باطل ہستیاں بھی جھک جاتے ہیں۔ سچائی راحت و سکونت اور امن کا چراغ ہے جو خوف کے اندھیروں کو ختم کر دیتا ہے۔ حق بات پر قائم رہنے والا کسی بھی طوفان سے گرتا نہیں ۔ کیونکہ وہ اللہ تعالیٰ کی ڈور سے بندھا ہوا ہوتا ہے۔

حق پر قائم

خوف میں ڈوبا ہے کیوں، کوئی سمندر نہیں ہوں میں
کیوں سوچ میں پڑا ہے کوئی محشر نہیں ہوں میں

نہیں زمانے کے لئے زمانہ چھوڑنے آیا ہوں
جو قدر نہیں کرتے اُن کا مقدر نہیں ہوں میں

میرے صبر کا تو کبھی جنازہ نہ اُٹھا
تیری پرواز روح کا مقبر نہیں ہوں میں

میں اپنے راستے، تو اپنے راستے
ملکیت کا تیرے کوئی شہر نہیں ہوں میں

تہمت کی زنجیروں سے مجھے قیدی نہ بنا
تیری ضمانت کا کوئی افسر نہیں ہوں میں

انگلی کی نوک پر مجھے چلنا نہیں آتا
خندق میں گرتا ہوا کوئی لشکر نہیں ہوں میں

میرے زخمِ دل پر تو مرہم نہ لگا
قاتل کے ہاتھ کا کوئی خنجر نہیں ہوں میں

عرشیہ کوثر

34 ۔ بے رنگ زمانہ

جیسے جیسے وقت گزر رہا ہے ہر دور میں نئے نئے رواج اور خیالات بدل رہے ہیں' حالات بدل رہے ہیں' رشتے بدل رہے ہیں' حکومتیں بدل رہی ہیں' سکونت میں زوال ہو رہا ہے اور اضطراب میں اضافت ہو رہی ہے' وقت گزر رہا ہے مگر خطائیں رکی ہوئی ہیں۔ گناہ بڑھ رہے ہیں اور نیکیاں کم ہو رہی ہیں۔ نفرت کا انتشار ہے اور محبت پست ہو رہی ہے۔ محفلیں گھٹ رہی ہیں تنہائی بڑھ رہی ہے۔ ظلم آزاد ہے عدالت قید ہو چکی ہے۔

سادگی چھپ گئی ہے اور ریا دکھ رہی ہے' تو کہیں خود غرضی کے بازار میں ہمدردی بک رہی ہے' محبت کی دوا نہیں اب شہوت کے مریض ہیں۔ جھوٹ پر احساس نہیں مگر سچائی پر تنازعہ ہے۔ اب صبر کا دریا نہیں بدلوں کی آگ ہے۔ اب عدل کی عدالت نہیں اب عدالت میں حکومت ہے۔ اب محبت میں ملاقات نہیں ملاقات میں آفات ہیں۔ اب مریضوں کی عیادت نہیں صرف خود کی ہی حفاظت ہے۔ اب بزرگوں کی نصیحت نہیں بچوں کو فوقیت ہے۔

قربی کی تلاش میں بہت دور تک گزر گئے
جو ساتھ تھے ایک ڈال پر وہ پتے بکھر گئے

ان رشتوں کے شور میں محبت خاموش ہے
ہے ساتھ اب غیروں کا تو قدم ٹھہر گئے   عرشیہ کوثر

بے رنگ زمانہ

کبھی چمن میں ہم نے تتلیاں بھی دیکھی تھیں
کانٹوں پر کھلتی ہوئی وہ کلیاں بھی دیکھی تھیں

خوشبو سے مہکتا، ساز کوئل کا باغ تھا
مرجھائے ہوئے دلوں میں خوشیاں بھی دیکھی تھیں

آج بھول کر احباب کو مسرت میں ہے زمانہ
یادوں میں ہم نے کبھی ہچکیاں بھی دیکھی تھیں

ایک ہی محل میں کتنے حجرے بنا دیئے
محبت کی ڈھال میں کبھی گلیاں بھی دیکھی تھیں

مخمل کی چادر میں کتنے کروٹیں بدل رہے
مٹی پر سوئی ہوئی کبھی ہستیاں بھی دیکھی تھیں

سکوت کے دست آج مریض بن گئے ہیں
زخموں پر اچھلتی ہوئی کبھی مستیاں بھی دیکھی تھیں

عرشیہ کوثر

(دست ۔ ہاتھ   احباب ۔ دوست (جمع) سکوت ۔ خاموشی و سکون)

35 .   رحمت کو زحمت بنا دیا

موجودہ حالات ایسے ہو گئے ہیں کہ اپنوں نے ہی بیٹیوں کی زندگی کو دشوار بنا دیا۔ بیٹی جب پیدا ہوتی ہے تبھی سے والدین اُس کی فکر میں مشغول ہو جاتے ہیں۔ کیونکہ بیٹیوں کا عقد آج مال و دولت اور جہیز و ہنڈے کی قلم سے لکھا جا رہا ہے۔ لڑکا جتنا امیر و قابل ہو اتنی ہی دولت کی قلم سے اُس کے عقد کا صلح نامہ لکھا جاتا ہے۔ بس یوں سمجھئے کہ آج نکاح و شادیوں کے بازار چل رہے ہیں۔ صرف اتنا ہی نہیں شادی کے بعد بھی اس بیٹی پر خاوند سے زیادہ سسرال کے تمام رشتے اس پر ٹھوک دیئے جاتے ہیں۔ نکاح خاوند سے ہوتا ہے مگر حقوق صرف سسرال والوں ادا کرنے پڑتے ہیں۔ اور خاوند بھی اپنے والدین کا اتنا فرمابردار ہوتا ہے کہ اپنی بیوی کے حقوق ہی بھول جاتا ہے۔

یہ کیسی ناانصافی بیٹیوں کے ساتھ ہے جسے ماں باپ کے گھر مہمان سمجھا جاتا ہے اور سسرال میں غلام سمجھا جاتا ہے۔ اللہ تعالیٰ کی رحمت کو آج ہم زحمت سمجھ رہے ہیں۔ اس لئے شائد ہم آج سکون سے محروم ہیں۔ مقدمہ جب احساس کا ہو تو فیصلے نہیں فاصلے ہو جاتے ہیں۔ کئی بیٹیاں زندگی کے لئے خاموش رہنے پر مجبور ہو جاتی ہے اور اسی خاموشی کو صبر کا نام دیتی ہے مگر ہمیشہ صبر کریں پر ظلم نہ سہے کیونکہ صبر کرنا وقت کو جھکا دیتا ہے اور ظلم سہنا ظلمت کو بڑھا دیتا ہے۔

ایک بندھن بنا دیا

دھن کی ڈور سے ایک بندھن بنا دیا
بیٹی کو بیچ کر تم نے دلہن بنا دیا

زیور پہن کر زنجیر کے وہ تنہا گھٹ رہی ہے
خاوند کے ہاتھ میں اسے ٹوٹا کنگن بنا دیا

غم دل میں مر چکی آنسوؤں کا غسل لیے
سرخ جوڑے کو اس کا ایک کفن بنا دیا

کبھی بوجھ کہہ دیا، کبھی مہمان کہہ دیا
دنیا کو اس کے تم نے اُجڑا چمن بنا دیا

رحمت خدا میں کتنے نقص نکال دیئے
بیٹیوں کے حسن میں بھی توازن بنا دیا

اصول و شرائط کا گھونگٹ پہنا دیا
مہندی کے ہاتھوں میں اسے رہن بنا دیا

قدموں میں جس کے جنت اُس کو کچل دیا
محبت کو اس کی تم نے بس الجھن بنا دیا

عرشیہ کوثر

36 ۔ نادان منافق

ہم دیکھتے ہیں معاشرتی وسماجی واقعات وحالات ایسے ہیں ۔ جب کوئی فرد خطا و جرم کرتا ہے تو اُس کے خاندان کو ہی برا سمجھا جاتا ہے۔ اسی کے ساتھ اس کے معاشرے کو سماج کو بری نظر سے دیکھا جاتا ہے ۔ جیسے سبھی نے ہی گناہ کیا ہو۔ کہتے ہیں کہ ایک مچھلی خراب ہو تو سارے تالاب کو گندہ کر دیتی ہے ۔ اس کا مطلب یہ تو نہیں کہ ہم دریا و سمندر کو ٹھکرا دے ۔ جس نے جرم کیا وہی سزا کا حقدار ہے۔ اُس کی سزا ہم کسی اور کو نہیں دے سکتے ۔

سیاسی میدان میں اگر اتریں گے تو کسی ایک خطا پر ہزاروں کو سزا دے دی جاتی ہے ۔ یہ ایسے سیاست داں ہوتے ہیں جو اپنے مفاد کی سیاہی سے دوسروں کا وجود مٹا دیتے ہیں ۔ یہ ایسے منافق ہوتے ہیں جو خود کی ریا کاری پر ہی فخر محسوس کرتے ہیں ۔ یہ وقت اور موسم کے حساب سے اپنے چہرے بدلتے رہتے ہیں ۔ یہ حق کی آواز اٹھانے والوں کو پست کر دیتے ہیں اور اسے محتاج و مجبور بنانے کی سازشوں میں مصروف رہتے ہیں ۔

یہ سخت دل والے ہوتے ہیں جنہیں رحم دلی سے پرہیز ہوتا ہے ۔ یہ حال کو برباد کر کے تاریخ کا مظاہرہ کرتے ہیں ۔ یہ دو رنگی سیاست داں ہیں جنہیں حق پر کھڑے ہوئے سیاست داں سے اعتراض و حسد ہوتا ہے ۔

نادان منافق

زمانہ حال کو تاریخ سے آزمایا نہیں کرتے
مچھلی خراب ہو تو سمندر ٹھکرایا نہیں کرتے

گناہوں کی سزا تو خدا دیتا ہے اے نادان
اپنے مقام کے لئے کسی کو دھنسایا نہیں کرتے

مرضی کی نوک سے کیوں نام دے رہے ہو
حق کی تحریر کو یوں مٹایا نہیں کرتے

محفل میں غیروں سے کیوں مایوس ہو گئے
جہاں اپنوں کو ہی اپنایا نہیں کرتے

چادریں ڈال کر تجھے راحت نہیں ملے گی
دل کی مزار پر سر جھکایا نہیں کرتے

دلوں کے زخم پر تلوار مت چلا
تلخئ زبان سے کبھی فرمایا نہیں کرتے

عرشیہ کوثر

37 ۔ چہروں پر نقاب

مطلب پرستی کے اس دور میں بدلتے ہوئے چہرے ہیں، کہیں بدلتے ہوئے خیالات ہیں، کہیں چہروں پر نقاب ہیں۔ باطن میں کچھ ہوتا ہے اور مظاہرہ کچھ اور ہوتا ہے۔ خیالات الگ ہوتے ہیں اور حالات الگ ہوتے ہیں۔ منصوبے کچھ اور ہوتے ہیں اور دکھاوے کچھ اور ہوتے ہیں۔

کبھی لہو کے دریا میں چھپ جاتے ہیں۔ کبھی نفرت کی ہواؤں میں اُڑ جاتے ہیں۔ یہ فساد و وحشت کے ہنرمند حکومتیں ہیں۔ یہ ریا کار حکومت عظیم شخصیت کا حُلیہ پہنتے ہیں مگر اُن شخصیتوں کے خیالات کا تصوّر تک نہیں کر سکتے۔ یہ بدلتے لباس سے مختلف گمراہ اقوام کو اپنی طرف متوجہ کرتے ہیں۔ یہ جھوٹ کے نغمے سریلی ساز میں سناتے ہیں کہ سامعین جھوٹ کو ہی حق سمجھنے لگے۔

یہ ایسے جسمے ہیں جن کی رگوں میں زہر دوڑ رہا ہے۔ یہ خود کے مفاد کے لئے سب کو لالچ کی طرف مائل کر کے انھیں اس طرح فانی کر دیتے ہیں کہ انھیں احساس تک نہیں ہوتا۔ یہ ایسی حکومت ہے جو خود کو ملک کا محافظ بتا کر ملک ہی تباہ کر دیتے ہیں۔ یہ حکومت اپنے گناہ و جرم کو چھپانے کے لئے دوسرا جرم کرتی ہے تا کہ سب بہکتے رہیں اور وہ مسلسل دہشت و فساد کے کھیل کھیلتے رہتے ہیں۔ مگر اس کھیل کے پیچھے کئی معصوم پھول سوکھتے جا رہے ہیں۔

کوئی نہیں کھلا سکا اس غریب دنیا میں

تنہا جی رہا ہوں یا حکومتیں ہی بے جان ہیں

چہروں پر نقاب

چھپی ہوئی سیاست میں نمائش بھی ہوسکتی ہے
قتل کے آنگن میں اُن کی رہائش بھی ہوسکتی ہے

رکھوالا ہی کہیں قاتل تو نہیں دہلیز پر
بے خبر عوام کے لئے یہ آزمائش بھی ہوسکتی ہے

فقیر کی جیب سے یہاں فریبی گر رہے ہیں
زمین میں چھپانے کی گنجائش بھی ہوسکتی ہے

مٹا کر بستیوں کو وہ فرار نہ ہوا
قبروں پر محفلیں اُن کی فرمائش بھی ہوسکتی ہے

لباس بدل دیئے، چہرے بدل دیئے
بدکاری چھپانے کی یہ ستائش بھی ہوسکتی ہے

تڑپتی ہوئی صداؤں پر وہ مسکرا رہے ہیں
معصوم کے لہو سے اُن کی آرائش بھی ہوسکتی ہے

عرشیہ کوثر

38. قلم کی تڑپ

مصنوعی دور میں ترقی آسمان کو چھو رہی ہے مگر پیچھے پلٹ کر دیکھیں تو علم چھوٹ گیا ہے جو علم حسنِ اخلاق کو بیان کرتا تھا، جو علم نصیحت و اصلاح کا قائل تھا۔ آج ہر ہاتھ میں موبائیل نظر آئیں گے۔ جس کے ذریعہ علم بھی حاصل کر سکتے ہیں اور جہالت و غلط راہ کی طرف متوجہ بھی ہو سکتے ہیں۔ اور یہ مصنوعی علم کا ذریعہ آج بچوں کے ہاتھ میں جہالت و خاسر ہتھیار بنتے جا رہا ہے۔ یہ انسان کی فطرت میں ہے کہ انسان جلد غلط راہ کی طرف مائل ہو جاتا ہے پھر یہ تو معصوم بچے ہیں جو آج ذہنی امراض کا شکار ہوتے جا رہے ہیں۔ جو موبائیل میں مختلف کھیلوں میں ذہنی تناؤ میں مبتلا ہو رہے ہیں۔ بجائے تعلیم کے بے حیائی و فضول پروگرام کو دیکھ کر اسی پر عمل پیرا ہو رہے ہیں۔ جس کی وجہ سے نہ صرف اُن کا حال مستقبل بلکہ اُن کی صحت بھی قلع قمع ہوتی جا رہی ہے۔

محض بات یہ ہے کہ بچوں کے ہاتھ میں قلم دیا جائے تا کہ صحیح تعلیمات حاصل ہوں اور اسی وجہ سے اُن کی صحت پر بھی برا اثر نہ پڑے گا۔ قلم ایک مضبوط ہتھیار ہے جو دنیا کے تمام ہتھیاروں کو ہرا دیتی ہے۔ قلم علم کی بنیاد ہے جو جب تک برقرار رہے گی تب تک علم قائم رہے گا۔ قلم ہمارے بزرگوں کا ہتھیار ہے جس کی بدولت ہی آج ہم اپنی زندگی میں فتح یاب ہے۔ اپنے بزرگوں کے نقشِ قدم پر چلنا اور اُن کی نصیحت و وصیت پر عمل پیرا ہونا ہی اصل کامیابی ہے۔

قلم کہہ رہی ہے

قلم کہہ رہی ہے کوئی پکار دے مجھے
ایمان میرے لہو میں کوئی آزما لے مجھے

زمانے کی بھیڑ میں سب گمشدہ ہیں ہر طرف
میں خاموش ہم سفر ہوں کوئی ہاتھ دے دے مجھے

میں تنہا ہوں بہت میرا مکتب ویران ہے
اتنی بھی کیا بے رُخی، کوئی دستک کرے مجھے

عرصوں سے قید ہوں ضمانت کرا دے میری
ہے کتاب میرا راستہ کوئی تو بڑھا دے مجھے

مکاتب ہوں تقدیر کی آغاز سے انجام تک
میں وقت کی گواہ ہوں ہو سکے تو پڑھے مجھے

زمانہ شوق بدل گئے، طریقے بدل گئے
ہے مقصد یہی میرا کوئی تو چا ہے مجھے

عرشیہ کوثر

39 ۔ وقتِ غرباء

۲۰۲۰ء سے تو ساری دنیا واقف ہے ۔ جسے یاد کرکے دل دہل جاتے ہیں ۔ جن حالت کا کسی نے تصوّر بھی نہ کیا ہوا ایسے حالات واقع ہوئے ہیں ۔ پوری دنیا پل بھر میں ویران ہوگئی' ہر طرف اپنے ہی اپنوں سے دور بھاگنے لگے ۔ ایک ایسی نامعلوم وباء جس کے انتشار کا اندازہ تک کوئی نہیں لگا سکا ۔ اس دوران کئی اموات ہوئے ۔ اس طرح بھارت میں بھی لاکھوں اموات ہوئے ۔ مگر ان تعداد میں صرف وباء سے نہیں خوف سے اور طویل سفر سے کئی غرباء و مزدور بھوک و پیاس سے تڑپتے ہوئے گزر گئے ۔ مگر اُن کی امداد کے لئے حکومت نے توجہ نہیں دی ۔ جس سفر میں حاملہ خواتین بھی تھیں' شیر خوار اطفال بھی تھے' ان معصوموں کی بھوکی پیاسی مائیں بھی تھیں وضعیف' کمزور و معذور و غرباء بھی تھے' بچوں کے لشکر بھی تھے' لہو سے رنگین کئی معصوم قدم چل رہے تھے' کوئی بے جان اولا د کو لے کر چل رہے تھے' کوئی بے جان بیوی کو لے کر چل رہے تھے' کوئی ماں باپ کو اٹھا کر چل پڑے تھے' کوئی کچرے میں رزق ڈھونڈ رہا تھا' کوئی دلدل میں آب ڈھونڈ رہا تھا' کوئی انتظار میں گزر گیا' کوئی خوف میں گزر گیا ۔ ادھر مزدور و غرباء بد حال تھے' اُدھر حکومت کی دکانیں کھلی ہوئی تھیں ۔ کہیں شراب کے صفوف تھے' کہیں نشوں کے کاروبار چل رہے تھے' کہیں تھالیاں بج رہی تھی تو کہیں چراغ جل رہے تھے ۔

امیر لوگ بڑی ہستیاں محفلوں میں فراغت سوئی ہوئی تھی جب کہ غرباء و محتاج راستوں پر بے جان پڑے ہوئے تھے۔ یہ دردناک و یادگار حالات ہیں جو کبھی بھول نہیں سکتے۔ قید صرف چار دیواری کا نام نہیں، محتاج ہونا سب سے بڑی قید ہے۔

سرزمین تو دی ہے پر مجھے کوئی جگہ نہیں
زندگی ملی ہے مگر جینے کی اب وجہ نہیں

ہے سرسبز یہ زمین مگر دانہ کا محتاج ہوں
جس خاک میں اب تلخ ہواس میں کوئی مزہ نہیں

عرشیہ کوثر

وقت بدل رہا ہے

یہ زیست بدل گئی یہ وقت بدل رہا ہے
دنیا بن گئی قید اور کارواں چل رہا ہے

کہیں امیر ہستیاں، کہیں شور کی مستیاں
آج خاموش ہیں ہوائیں اک آفتاب ڈھل رہا ہے

وہ قید کرکے جہان کو کھلے رکھے ہیں ظلم کے دار
نفرت کی تلوار پر غریب دہل رہا ہے

طویل راہوں پر آگ کا عرش لیے
موت کی سرزمین پر مسافر پل رہا ہے

کوئی پوچھ لے ذرا یہ آب کے محتاج ہیں
مدہوش ہے زمانہ شراب میں مچل رہا ہے

اندھیروں میں اُس کے جو راز جل رہا ہے
ساحل پر ندی کی وہی راز ٹہل رہا ہے

40۔ نفرت کی وباء

دنیا کی سب سے خطرناک وباء اگر کچھ ہے تو وہ ہے نفرت کی وباء جو پل بھر میں کئی قوموں کو تباہ کر دیتی ہے۔ جو ایک لمحے میں تیزی سے پھیل جاتی ہے۔ جو روحانی و قلبی مرض بن جاتی ہے۔ یہ ایک ایسی وباء ہے جو سرحدیں جدا کر دیتی ہے، جو کئی معاشرے برباد کر دیتی ہے، جو لہو کے دریا بہا دیتی ہے، جو فساد برپا کر دیتی ہے اور یہ وباء خاص طور پر سیاسی میدان سے نکلتی ہے۔

بھارت ہی نہیں بلکہ کئی ممالک میں اس نفرت کی وباء نے کئی معصوموں کی جان لے لی ہے۔ کئی محتاجوں پر اذیت کے پہاڑ بنا دی۔ اس وباء نے متنفر کو شیطان بنا دیا۔

فلسطین ہو برما ہو یا بھارت، نفرت کے ماحول نے گنہگاروں کی نہیں صرف بے قصوروں کی جان لے لی ہے۔ یہ وباء ایک ایسی زہریلی وباء ہے جس کا علاج صرف اور صرف محبت و انسانیت ہے۔

کوئی نہیں مثبت یہاں ہر جگہ تحریف ہے

خیالوں میں وزن ہے حقیقت میں تخفیف ہے

جھوٹ اگر لکھیں تو قلم ٹوٹ جاتی ہے

سچ اگر لکھ دیں تو زمانے کو تکلیف ہے   عرشیہ کوثر

نفرت کی وباء

جب قتل کیے گئے وہ دھرم کے نام پر
تب آواز اٹھی ہر بے زبان کی لگام پر

موت سے گزر رہے اب ہزاروں بے قصور
تو خاموش یہ دور ہے اِس برے انجام پر

یہ خود غرض ہے حکومت جو خودی کے لئے
ہر نفس مٹ رہا ہے جس کے احکام پر

یہ زہر سی ہوا ہر نظر چھین رہی ہے
بھٹک رہا مسافر اپنے ہی اقدام پر

اندھیروں نے ہمیں دنیا دکھا دی اس طرح
محتاط ہے چراغ' ہے نظریں ہر مقام پر

مجلس میں اُس کے لفظوں کی قدر نہیں ہوگی
جب قائم رہیں گے ہم حق کے کلام پر

عرشیہ کوثر

41. توہم پرست

خوف و جہالت کے سبب غیر عقلی عقائد پر یقین رکھنا توہم پرستی ہے۔ جو آج بھی تعلیم یافتہ معاشرے میں دکھائی دیتی ہے۔ بنا سوچے سمجھے کسی بھی بات پر یقین کرنا اور اُس کی پیروی کرنا بے عقل کی پہچان ہے۔ علم صرف حاصل کرنے کا نام نہیں بلکہ شعور و عقل سے قدم اٹھانے کا نام ہے۔ صورتِ حال میں ایسی ایسی ترقی یافتہ ہستیاں جو علم و دولت کے عروج پر ہیں وہ بھی توہم پرستی کے شکار ہیں۔ یہ ایسی بے عقلی ہے جس کے سبب انسان خود ہی گڑھے میں گر جاتا ہے۔ آج تو ایسے توہم پرست اچھل رہے ہیں جو خسارہ اٹھانے کے بعد بھی بے عقلی کے دائرے میں ہیں۔ جو برے نتائج کے استحصال کے بعد بھی اسی دائرے میں گھوم رہے ہیں۔

بھارت میں بھی کئی توہم پرست ہیں جو اپنے اپنے مذاہب کی طرز پر اندھے ہو چکے ہیں۔ کوئی اپنے رنگوں پر عقیدہ رکھتا ہے تو کوئی تہذیبی نعروں پر عقیدہ رکھتا ہے، کوئی ظالم کی پرستش کرتا ہے، کوئی منافق کی پیروی کرتا ہے۔ یہ اندھیروں کے قافلے ہیں جو عنقریب مٹ جائیں گے۔ جس طرح اللہ تعالیٰ نے پہلے کی بے عقل قوموں کو سزا دی تھی۔

تو ہم پرست

ظلم کی خلافت کریں تو ڈر جاتے ہیں
مظلوم کی حمایت کریں تو خاموش گزر جاتے ہیں

یہ پتھر کے جسمے ہیں جو خود نہیں جانتے
طوفان کی تباہی میں بے جان ٹھہر جاتے ہیں

بے عقلی کے عقائد پر بہکے ہوئے مسافر ہیں
نفرت کے نشوں میں ہر قدم گر جاتے ہیں

ذہنی مرض میں یہ خود سے انجان ہو گئے ہیں
ایک ہی زندگی میں کئی بار مر جاتے ہیں

عرشیہ کوثر

42 . امتحان اور بھی ہیں

دنیا سوائے امتحان کے کچھ نہیں ہر ایک کی زندگی اس کے لئے امتحان کا سفر ہے۔ چاہے خوشی ہو یا درد ہر وقت ہمارے لیے موقع و آزمائش ہے کہ ہم کس طرح قدم بڑھاتے ہیں۔ ہم جانتے ہیں کہ corona وباء کے حالات میں غرباء و مزدوروں کی آزمائش بہت سخت ہوئی۔ دراصل یہ تو تمام دنیا کے لئے امتحان تھا کہ کون کس کی مدد و ہمدردی کرتا ہے۔ کون حق کے لئے آواز اٹھاتا ہے؟ مگر افسوس کہ حقیقت سے واقف ہو کر بھی سب خاموش ہیں۔ کچھ راز حکومت نے دفن کر دیئے ہیں۔

راز اموات جو راستوں پر ہوئے جو پہاڑوں کے درمیان ہوئے جو جنگلات میں ہوئے جو گھروں میں بھوک و پیاس کے سب ہوئے۔ کئی راز اموات کو حکومت اور اُس کے تابعداروں نے اپنے نفرت کے پردوں میں لپیٹ دیا۔ مگر حق بات کبھی چھپتی نہیں۔ تمام تعداد اموات سرخ ندیوں کے ساحل پر تو کبھی سیاہ عرش کے تصویر میں معلوم ہو گئے جو دنیا کے لئے خوف کا منظر تھا۔

(یہ غزل علامہ اقبالؒ کی غزل کے ہم قافیہ اور ردیف کے تسلسل میں ہے)

امتحان اور بھی ہیں

خاموش سمندر میں طوفان اور بھی ہیں
لہروں میں قتال درمیان اور بھی ہیں

ماں کے رحم میں درد کی ندا ہے
کچھ معصوم قدم لہولہان اور بھی ہیں

شہید راستوں پر کئی راز اموات ہیں
کچھ پہاڑوں کے درمیان بے جان اور بھی ہیں

امیر محفوظ ہے غریب اضطراب میں
خود غرض اس دور میں انجان اور بھی ہیں

یہ اندھیرے حکومت کے کب تک رہیں گے اب
خدا کی نظر میں حکمران اور بھی ہیں

قید کر کے زمانہ بہتان کی سلاخوں میں
حاکم کے عرش پر زندان اور بھی ہیں

عرشیہ کوثر

43 ۔   دنیا میں صلہ

اللہ تعالیٰ کو سب سے زیادہ اگر کوئی عمل پسند ہے تو وہ ہے حسنِ اخلاق اور سب سے زیادہ ناپسند ہے تو وہ ہے ظلم ۔ آج صورتِ حال میں ہر گھر ہر شہر ہر کاروبار و ہر محل میں کہیں نہ کہیں ظلم ہو رہا ہے ۔ ملک کے حدود پر تو سب سے زیادہ ظلم و زیادتی ہو رہی ہے ۔

ہم اس بات سے واقف ہیں کہ موجودہ حال میں ہی حکومت نے کشمیر جیسی جنت کو قید کر دیا تھا ۔ جو کئی مہینوں تک گھروں میں خوف زدہ محتاج تھے ۔ جن کی آواز تک کو ریاستی حدود تک بھی پہنچنے نہیں دیا گیا ۔ ایسا لگتا تھا کہ کشمیر سفید سے سرخ ہوتے جا رہا ہے ۔ جہاں معصوم جنت کے پھولوں کو بھی کانٹوں کی قید میں رکھا گیا ۔ مگر کیا پتہ کہ کس کی درد دل کی صدا نے دنیا کو ہی قید کر دیا ۔

کیونکہ حکومت نے ظلم میں اتنی زیادتی کر دی تھی کہ اپنی ہی رعایا سے پہچان کے ثبوت مانگنے لگے ۔ اب اس نئے دستور پر وہ کروڑوں غرباء کیا کرتے جو دو وقت کی روٹی تک نہیں کھا سکتے' وہ لاکھوں یتیم معصوم بچے کیا کرتے ' وہ راستوں پر ہاتھ پھیلائے ہوئے ہیں ۔ وہ تنہا ضعیف معذور لوگ کہاں جائیں گے جن کے پاس اُن کی ہی اولادیں نہیں ۔

ایسے کئی مسائل جس کی وجہ سے عوام کشمکش میں مبتلا ہوگئی۔ ہر طرف اس دستور کے خلاف احتجاج ہونے لگے۔ پورے ملک میں خواتین کے لشکر ہی پھیلے ہوئے تھے۔ جس میں ہر مذہبی، معاشرتی وسماجی افراد نے حصہ لیا تھا۔ جو احتجاج ''شاہین باغ'' کے نام سے پوری دنیا میں مشہور ہوگیا تھا۔ مگر افسوس کہ حکومت کا بال تک نہیں ہلا۔ وہ تو خاموش اپنے منصوبے بناتی رہی۔

دیکھتے ہی دیکھتے ایک ہوا نے سب کچھ بدل دیا۔ حکومت کو قید کردیا اور عوام کو ظلم کی زنجیر سے نجات دے دیا۔ جو حکومت عوام کو ملک سے باہر نکالنا چاہتی تھی وہی عوام سے ہاتھ جوڑ کر مخاطب ہونے لگی کہ ''سب اپنے گھروں میں رہیں''۔

بحرِ حال اس واقعہ سے یہ بات واضح ہوتی ہے کہ حکومت و بادشاہ چاہے کتنا ہی طاقتور کیوں نہ ہو عرش کے فیصلوں کے آگے اُسے جھکنا ہی پڑتا ہے۔

تاریخ کی قبر کھود کر مستقبل دفن کردیا
اے سیاست داں تو نے ملک کو رہن کردیا

مذہب کی نوک پر منافق قدم چل رہے
سکّوں کی محفل کو اپنا وطن کردیا

عرشیہ کوثر

اے قومِ ہند تیرا امتحان ہے

دستور کی طرز پر ظالم کھڑا ہوا تھا
اعلان یوں کیا کہ مسلمان مہمان ہے
پل بھر میں یوں ہوائیں بدل گئی
اُڑنے والا قائل ہی وقت پر حیران ہے
اے قومِ ہند تیرا امتحان ہے

ظالم کے غرور میں سب فانی ہو رہے تھے
ہر ذرّہ گواہ ہے وہ قاتل میدان ہے
جنت کو جس نے قید بنا دیا تھا
آج وہی قیدی بن گیا وہ تنہا بحران ہے
اے قومِ ہند تیرا امتحان ہے

کبھی جان لی کئی عزتیں نیلام کی
بے جان کو بھی مار دیا یہ بے حس کاروان ہے
جو قتلِ عام کا منظر دیکھ رہے تھے
وہ بھی مٹ رہے پر خاموش زبان ہے
اے قومِ ہند تیرا امتحان ہے

راہِ کشمیر پر ہزاروں پہرے لگا دیئے
ہر بیت پر نظریں بچھا دی وہ جنت ویران ہے
مظلوم تھے وہ مجبور تھے کیا اُن کی ہی صدائیں تھی
سب پل میں بدل گیا دنیا اب پریشان ہے
اے قومِ ہند تیرا امتحان ہے

بے حیائی کے شیشوں میں آذین تھی محفلیں
برائی کے نشوں میں بہکتے وہ حیوان ہے
حیا کی خلافت میں وہ با حیا ہو گئے
اک خوف نے بدل دیا یہ خدا کا جہان ہے
اے قومِ ہند تیرا امتحان ہے

نفرت کے بازار میں مذہبی میزان ہے
دہلیز پر بیچتے وہ اپنا ایمان ہے
کوئی پوچھ لے ذرا حقیقت کے کیا دام ہے
وہ بھاگ جائیں گے جو خود سے ہی انجان ہے
اے قومِ ہند تیرا امتحان ہے

عرشیہ کوثر

(دستور۔قانون   قائل۔کہنے والا   کاروان۔قافلے،لشکر   آذین۔سجاوٹ)

44 .   غریبوں پر قحط

بہت ہی دلکش و دل پزیر آذین سجاوٹیں دسترخوان پر ہوتی ہیں، کہیں محلوں میں میزوں پر رزق کی نمائش ہوتی ہے، محفلیں ہوتی ہیں خوشیاں مہکتی ہیں، مدحت و ستائش کی سازیں گونجتی ہیں، مگر افسوس کہ ہم اپنا پیٹ تو بھرتے ہیں مگر دلی اطمینان سے محروم ہیں۔ کیونکہ دل کو اطمینان تبھی ملتا ہے جب ہم کسی حاجت مند کا پیٹ بھرتے ہیں۔ اللہ تعالٰی کا شکر ادا تو کرتے ہیں مگر اللہ تعالٰی کے معصوم بندوں کی طرف توجہ کیوں نہیں دیتے۔ جو آج بھی دنیا میں لاکھوں کی تعداد میں بھوک کے تڑپ رہے ہیں۔ عنقریب ۸۱۱ملین لوگ دنیا میں بھوکے سوتے ہیں۔

کیا ہمیں ان معصوم بچوں کے دسترخوان نظر نہیں آتے جو لہو اور اشکوں سے سجے ہوئے ہیں۔ جن کی محفلیں تڑپتی صداؤں اور ہچکیوں سے گونج رہی ہے۔ جو آج ایک بوند اور دانے کے محتاج ہیں۔ ایک سوال پیدا ہوتا ہے کہ کیا یہ عالیشان حکومتیں انسانیت کا درجہ رکھتی ہے جو ان معصوم بچوں کو رزق تو نہیں دیتی مگر اُن سے اُن کی سرزمین بھی چھین لیتی ہے۔ جو حکومتیں اپنے تخت پر اتنی اندھی ہو چکی ہے کہ انھیں اپنے ہی دیوان میں معصوم بچوں کی لاشیں بچھی ہوئی نظر تک نہیں آتی۔ چاہے سیریا ہو یا فلسطین، برما ہو یا وہ ممالک جہاں مسلسل معصوموں کو ہتھیار بنایا جا رہا ہے۔ بہر حال اصل بادشاہ وہی ہے جو محلوں میں نہیں بلکہ دلوں میں رہتا ہے۔

معصوم کی صدا

سودا گری نے مجھ کو بس معاوضہ بنا دیا

تمہارا ہر سانس کو میں نے ذریعہ بنا دیا

لہو کے سمندر میں جب غرق کر دیا

ساحل نے لہر کو میرا جنازہ بنا دیا

دُعا مانگ رہا تھا کبھی دوا مانگ رہا تھا

ہاتھوں پر اشکوں سے میں نے عریضہ بنا دیا

زمین کی خاطر مجھے دلدل میں ڈال کر

طوفان نے ہی مجھ کو اک خطرہ بنا دیا

تلوار پر چلایا کبھی کانٹوں پر سلایا

زخموں کو اپنے میں نے فریضہ بنا دیا

مٹی کی قالین پر کبھی پتھر کی گود میں

تپتی ہوئی ریت سے اپنا رشتہ بنا دیا

نا سمجھ یہ حکومتیں یا میں ہی نادان ہوں

موت کو میرے لیے یہاں عطیہ بنا دیا

عرشیہ کوثر

(عریضہ ۔ خط، مکتوب   فریضہ ۔ فرض کیا گیا   عطیہ ۔ تحفہ)

حصّہ (ج)

تضمین

(۱)   ستاروں سے آگے جہاں اور بھی ہے

ابھی عشق کے امتحاں اور بھی ہے   علامہ اقبالؒ

حیات کے بعد حشر کا اعلان بھی ہے

امید رکھ خدا سے وہ مہربان بھی ہے   عرشیہ کوثر

(۲)   نشہ پلا کے گرانا تو سب کو آتا ہے

مزہ تو تب ہے کہ گرتوں کو تھام لے ساقی   علامہ اقبالؒ

پردلوں میں ساقی کی یوں قربت نہیں ملتی

ذہنوں میں زمانے کا جب نشہ رہے باقی   عرشیہ کوثر

(۳)   حیا نہیں ہے زمانہ کی آنکھ میں باقی

خدا کرئے کہ جوانی تیری رہے بے داغ   علامہ اقبالؒ

وہ کیسے کرئے معاف اس بے حیا زمانے کو

وہ خدا ہی موجود ہے ہزاروں غلاف میں   عرشیہ کوثر

(۴)   غلامی میں نہ کام آتی ہے شمشیریں نہ تدبیریں

جو ہو ذوقِ یقیں تو کٹ جاتی ہے زنجیریں   علامہ اقبالؒ

نہیں ہے امن یقیں پر یہاں بدلتی ہے تشطیریں

میثاق ہوا گر خدا سے تو بدل جاتی ہے تقدیریں   عرشیہ کوثر

(تشطیر ۔ رُخ، سمت   میثاق ۔ عہد لینا)

(۵)   مانا کہ تیرے دید کے قابل نہیں ہوں میں

تو میرا شوق دیکھ میرا انتظار دیکھ   علامہ اقبالؒ

وقت معین کہاں یہاں انتظار کے لئے

سجدے میں جھک کر کبھی خدا کا دیدار دیکھ   عرشیہ کوثر

(۶)   خودی کو کر بلند اتنا کہ ہر تقدیر سے پہلے

خدا بندے سے خود پوچھے بتا تیری رضا کیا ہے   علامہ اقبالؒ

خدا کی رضا ہی اعلیٰ مقام میرا

تقدیر خود جواب دے تو قربتِ خدا ہے   عرشیہ کوثر

(۷)   تیرے عشق کی انتہا چاہتا ہوں
میری سادگی دیکھ میں کیا چاہتا ہوں
بھری بزم میں راز کی بات کہہ دی
بڑا بے ادب ہوں سزا چاہتا ہوں   علامہ اقبالؒ

چاہت ہوا گر عشق کی تو مانگا نہیں جاتا
یہ رازِ محبت ہے اظہار کیا نہیں جاتا
جب کر دیا اعلان تو حسب کیسی سزا کی
عشق کو عدالت میں تولا نہیں جاتا   عرشیہ کوثر

(۸)   دل سے جو بات نکلتی ہے اثر رکھتی ہے
پر نہیں طاقتِ پرواز مگر رکھتی ہے   علامہ اقبالؒ

اثر کہاں ہو زمانہ پر جو سینوں میں زہر رکھتی ہے
یہ خاموش سا دور ہے یہاں آنکھیں نظر رکھتی ہے   عرشیہ کوثر

****